500强

强

财务高管的
成长笔记

王　渊——著

中国铁道出版社有限公司
CHINA RAILWAY PUBLISHING HOUSE CO., LTD.

图书在版编目 (CIP) 数据

500 强财务高管的成长笔记 / 王渊著 . — 北京 : 中国铁道
出版社有限公司, 2023.1（2023.7 重印）
ISBN 978-7-113-29746-6

Ⅰ.① 5… Ⅱ.① 王… Ⅲ.① 企业管理 - 财务管理 - 研究
Ⅳ.① F275

中国版本图书馆 CIP 数据核字（2022）第 193795 号

书　　名：500 强财务高管的成长笔记
　　　　　500 QIANG CAIWU GAOGUAN DE CHENGZHANG BIJI
作　　者：王　渊

责任编辑：苏　茜　　　　　编辑部电话：（010）51873625
封面设计：宿　萌
责任校对：焦桂荣
责任印制：赵星辰

出版发行：中国铁道出版社有限公司（100054，北京市西城区右安门西街 8 号）
印　　刷：中煤（北京）印务有限公司
版　　次：2023 年 1 月第 1 版　　2023 年 7 月第 3 次印刷
开　　本：710 mm×1 000 mm　1/16　印张：13.25　字数：201 千
书　　号：ISBN 978-7-113-29746-6
定　　价：59.80 元

突破自我，未来可期

很高兴听闻《500 强财务高管的成长笔记》就要出版了，作者在一次财务高管的聚会上向我提及写书的想法似乎还是昨天的事，想不到转眼间，他就默默完成了本书的创作，也再一次完成了职场转型。

我和作者的相识缘于十年前他就职的跨国公司与英国皇家管理会计师公会（CIMA）的项目交流合作，当时他是学习态度最积极的员工，最先在公司的支持下完成全球管理会计师（CGMA）资格认证考试，成为了一名"持证上岗"的财务人，并走出了一条跑赢"杜拉拉"的成长之路。在阅读本书时，最让我印象深刻的是他对每一段工作经历的复盘与总结。职场之事无王道可言，只有规律可循。曾子曰："吾日三省吾身：为人谋而不忠乎？与朋友交而不信乎？传不习乎？"在此书中可见一斑。

很多年轻人在实现事业梦想的道路上总是前路漫漫。如果说作者在外企的经历是"在摸索中的个人成长、前进和成熟"的话，那么他此后伴随民营经济发展的职业经历用厚积薄发来形容也不为过。同时，这也刚好呼应了中国经济在近二十年的高速发展和结构转型。一个人职业生涯的发展变化和国家乃至国际经济发展趋势和节奏的变化几乎同频，可以说是一种幸运，也有一定的巧合成分，但我从这本书里感受到更加强烈的是作者对宏观大环境发展的敏锐洞察力，对自己工作职责和内容的反思能力，以及他对"Learn, unlearn, relearn（学习、放空、再学习）"的深刻理解和执行。

我真诚地想把这本书推荐给所有年轻人！职场曾经掀起"杜拉拉"热，但场景多围绕行政岗位展开，很难对其他财经专业相关问题进行深度探讨。这本书堪称"财经版杜拉拉升职记"，不论你是不是财务专业或海归背景，不论你还在大学或者初入职场，我都充分地相信，你能从作者对职场的人、事、物的陈述里，梳理出对自己的职业生涯规划带来影响的良好建议；对于那些正在职场里，面对大环境的变动，正在思考跳槽、经历裁员、希望晋升，或者被动转岗，甚至在考虑是否回归校园的读者，我也相信你们能够通过作者在每一段职业发展和选择中的坦诚剖析，在本书里找到答案或者受到启发。

对于财务专业的读者，或者正在从事财务工作，尤其是面对行业的转型产生迷茫的读者，我的建议是——千万不要错过这本书！作者的成长笔记也许就是你的职场轨迹缩影，在本书中"纷至沓来的挑战与变化"这一章节中，讲述了因同事的突发变故导致自己被动接受了最重要的一个职业角色转变的故事，这也是作者第一次从"业务的对立面"开始思考关于"财务能为业务做些什么"、"我们怎样才能更好地体现在业务端的价值"等问题。这就是业界常说的财务人员"业财融合"思维和能力的转变与提升。正是经历了这样的"换位思考"，作者找到了下一阶段适合自己职业发展的方向。

当然，如果你已经进入企业的管理层，我想这本书里也有很多故事似曾相识：专业能力的提升、跨部门的协作、商业模式的转换、外企民企的差别、创业公司的特点、不同产业的不同生存状态及趋势……在这个不确定的大时代下，我们该如何带领年轻人不断前进？我相信，这是我们都需要思考的问题。

我很欣赏作者以谦逊和开放的心态把自己的个人体会和心得与读者分享，职场故事真诚写实，专业知识点罗列清晰，让财务人的职场经历从幕后走到了幕前。通过此书，希望能够有更多的人了解财务工作和财务从业人员。很荣幸受作者之邀为本书作序，同时感谢作者对国际注册专业会计师公会（AICPA&CIMA）的信任与支持。在此由衷地代表公会致上我最诚挚的祝福，愿天下财务人不断突破自我，未来可期！

李　颖

国际注册专业会计师公会（AICPA&CIMA）北亚区总裁

序二

融合思维，顺应时代

受好友之邀，让我为其新书作序，不胜荣幸。本人与好友是同行，作为一个有着 30 多年从业经验的职场人，通过拜读本书，我仿佛又回顾了一遍自己的成长历程，可谓共鸣颇深。下面让我引入"哲科思维"一词来解析好友此书的深层内涵。

哲科思维是哲学思维和科学思维合在一起的总称，也是唯心和唯物融合一体的思维。哲科思维起源于古希腊，它是跨界思维，是连接万事万物表象和本质的思维，是"道"的思维。而在我国春秋时期老子所著《道德经》中提到"道法自然"的观点，也有类似的哲学意义。

时至今日进入数字化时代，我们不禁要问：传统的哲科思维还那么重要吗？自从 2019 年全球经历了突如其来的疫情，身处其中的每个人都有不同的反思：我们该如何调整自己才能适应今后的发展趋势，如何温故而知新地去探索适合自己的"生存模式"，这正是哲科思维的运用。

无论对初入职场的新人，正在追求升迁的基层、中层员工，还是正在探索转型的职业财务人员而言，本书中作者分享的职业经历以及成长历程都具有很高的参考价值。

项大珑

唐纳森公司亚太区财务总监

本人："80 后"，处女座，上海人，财务男。

一个简单普通的标签，也许能引起不少朋友的共鸣，又或者让不少人感到陌生。

1980 年我出生在上海，1991 年参加了上海最后一次小升初统一考试，随后在 1995 年、1998 年分别参加了中考和高考，2002 年毕业于一所普通的二本高校，在度过堪称"极其平凡"的学生时代的同时，也感受到这座城市的环境在以肉眼可见的速度变化着，各种全新的理念也在持续不断地冲击着我们的思维方式。

今时今日，记忆中依然有不少印象深刻的片段，比如童年时代父辈们在商品经济大潮下的躁动，再比如少年时代又恰逢市场经济破茧与资本市场改革。而当我在 1998 年进入大学校园后，互联网开始逐渐成为我们生活中无法割舍的一部分；进入 21 世纪后，中国又适时地加入了世界贸易组织（WTO），开始全面拥抱全球化，大批 500 强外企纷至沓来，生怕迟到就来不及分到红利和"蛋糕"；与此同时，国内也开始有人不断提出培养全球化商业和技术人才的概念。我就是在这样的大背景下，正式开启了属于自己的职场人生。

从离开校园到今天，弹指一挥间已经经历 20 个寒暑。每一个人的经历也许不同，看问题的角度也可以不一样，但就整体感受而言，用"激情澎湃"与"波澜壮阔"来形容过去这 20 年毫不为过。就我个人而言，也非常有幸成为这个大时代的一名参与者。

对于如今已踏入不惑之年的我来说，闲暇时总能够不经意地回想一些过去发生的事和遇到的人。每每想到一些动人的片段，就有一种要将这些年的职场经历和故事书写成文字的冲动。从选择"财务"作为自己的职场起点，从职场小白一路打拼，从普通员工成为外企高管，再从外企高管转投创业公司，其间也经历了不少起起伏伏。不仅经历了基础、专业、管理和战略四个职业阶段，也见证了外企从风光无限，到光环渐褪，洗尽铅华，再到创业公司的激情岁月与风云变幻，其中有着太多值得分享和记录的故事与篇章。

有鉴于此，经过思量再三，遂决定以个人视角出发，以《500 强财务高管的成长笔记》为题，写一个属于财务职场人的成长故事，一段属于广大财务职场人共同的奋斗史。

需要向各位朋友说明的是，本书会以我的个人经历为主，但也会穿插一些周围的人和事，所以文章中的"我"，未必是本人真实的经历，有些事情也可能是从他人的经历上移植改编，而其中涉及的一些人和公司，都会通过代号方式来体现。

最后，还是要非常感谢铂略财务培训的伙伴们给我这样一个机会，支持我完成本书内容的创作与分享！

王　渊

2022 年 8 月

目　录

写在前面的话

如前言中所述，我从小到大都是一个"非常普通"的学生。小升初考试，运气不错，中学有幸就读于一个区里还算不错的学校，虽然智商不低，但由于先天性的自控力缺失，所以高考也基本属于随大流的类型。至今让我追忆高考的时代，印象最深的居然是高考那一年电视台播放的《灌篮高手》动画片和1998年法国世界杯，至于闻鸡起舞和挑灯夜战的记忆基本没有。

当然上天还是给我点亮了一个特殊的被动技能，或者说是为数不多的优点吧，就是考试之前永远不会紧张，也不会因为任何原因在考试中发挥失常，当然因为实力不济而考得不好也不会过分沮丧，偶尔因为超水平发挥也不会特别开心，因为我发自内心地认可一分耕耘一分收获的真理，毕竟没努力自然就不应该有收获，而靠运气得到的东西早晚也会因运气不济而失去。

而这一点如果放到现在来讲，应该算是能够对投入和产出进行客观评价与理性分析，以及始终能以积极的心态去面对各种变化和意外的能力。

基于上述的情况，高考的结果没有出现太大的意外，大学考进了一个二本的英语专业，辅修了金融。大学期间虽然也参加了一部分社会活动，比如曾担任过学生联合会的部长，也适当努力学习过一阵子，偶尔获得过几次奖学金。不过整体来说还是属于平平无奇、无甚出彩的那一类，既没有发奋图强地学习，也没有丰富的实习经历，最终以一种极其普通的方式顺利毕业，除了毕业证书和学历外，还带着几张英语考级证书告别了本科时代的大学生活。

如果按照人生剧本走下去，可能就会跟很多我的同学一样，进入商业银行或者企事业单位工作，慢慢地去体验平凡且平淡的职场人生活。

然而命运在这个时候因为一个偶然的事件发生了转折，2001年安然公司财务丑闻[①]爆发，美国证券交易监督委员会（简称美国证监会）宣布对安然进行调查。作为服务了安然公司超过 15 年的事务所，也就是当时的五大会计师事务所之一的安达信（Arthur Andersen）会计师事务所，得知美国证监会在对安然公司的财务状况进行调查的情况下，其休斯敦分所销毁了数千页安然公司的文件。后续安达信被司法调查，随后整个公司也分崩离析，很快，已经持续了很多年的五大会计师事务所迅速变成了"四大"，安达信中国区的业务并入了普华永道会计师事务所。

也就是通过这样一个事件，还在大三的我知道了"四大"，也侧面了解了能进入这样的企业代表着什么，更清楚我目前的差距在哪里，也知道应该如何去补齐这块短板，而当时相对来说最快速补齐短板的方式就是出国读硕士，从而升级自己的简历。

也是在这样的大背景下，我跟父母商量权衡了一下，决定在大学毕业后申请去英国读硕士。但由于英国的学制比较短，一年就能读完硕士毕业，回国后不免让大家觉得学位比较水，所以考量再三之后，计划花两年时间去读两个硕士，一来多拿一个文凭，二来也能顺便把英语练好，或至少让别人感觉更好一些。这样的决定直接导致了留学成本的上升，虽然自己在英国也有打工，而且当时学费也不算很贵（1 年不到 1 万英镑），可是由于当时英镑兑换人民币为 1∶14 的夸张汇率，所以两年下来总体还是花掉了父母近 50 万元的积蓄。虽然现在屡屡回想起来还会有一些茶余饭后的唏嘘和感叹，但从未真正为此而感到后悔，而且似乎渐渐对"最好的投资就是投资自己"这句话有了更加深刻的理解。

2002 年 7 月到 2004 年 9 月，带着两年多海外求学经历，以及两张硕士学位的证书，我踏上了返回上海的归途。

---

① 安然事件（the Enron Incident），是指 2001 年发生在美国的安然（Enron）公司破产案。安然公司曾经是世界上最大的能源、商品和服务公司之一，然而 2001 年 12 月 2 日，安然公司突然向纽约破产法院申请破产保护，该案成为美国历史上企业第二大破产案。

第一章
（2004）漫漫求职路——选择与被选择

我回家第一件事自然是倒时差，随后享受了几天无拘无束的生活，不过作为一名"海归待业者"，自带的焦虑没有让这种状态持续太久（这个习惯很多年以后依然保留着）。大概两周之后，我便启动了找工作的历程，大致方向如下：

（1）简历准备：先准备一份标准的中英文简历，并根据投递的企业进行对应的调整。

（2）投递渠道：智联招聘和51job（前程无忧人才网）的知名度已经很高，所以首先想到的就是去这两个网站找找看有没有什么看上去还算不错的工作，顺便通过电子邮件的形式投递了简历。除了招聘网站，当然还有线下的招聘会，当时上海的线下招聘会大多在展览中心举办。

（3）工作类型：由于我的教育背景里有市场营销（Marketing）和财务管理（Finance），所以基本上这两类的工作都会考虑投简历。

刚开始还是比较顺利的，投出去的简历基本上都得到了对方的回复，并被邀请参加一系列的笔试和面试，但没有想到这个过程前后却持续了3个多月，而这3个多月对我之后的职场生涯影响还是颇为深远的，下面我就把这个一波三折的过程分成几个阶段讲一讲。

一、那些年，擦身而过的机会

这个阶段是在9月中旬到10月中旬期间，基本以自投简历找工作为主，前后大概投了20家公司的简历，其中笔试和面试了差不多10家公司，下面摘选比较有代表性的经历分享一下。

不愿去郊县，放弃了央企的工作机会——某央企保险公司上海市分公司组训专员

把这家公司放在首位是因为这是我第一家投简历的公司，所谓"组训"也就是保险公司内部的培训人员岗位，主要针对保险代表开发一系列的培训课程和组织培训活动。在投出简历后不到一周就被邀请参加笔试，笔试的内容颇天马行空，当然期间自然也少不了一些企业文化宣传教育，不过当时的央企给我的感觉是，更加愿意在人才培养、梯队建设和品牌形象上投资。

第一轮参加笔试的大约 100 人，笔试后一周内先后安排了两场面试，其中印象最深的就是最后一场面试，在一个大会议室面对着一群领导做演示报告，其实当时也没觉得自己发挥的有多好，但最后还是和其他十几个人一起被录取了，应该说，在那个年代学历和海归经历还是有一定的优势。

说实话，当时对这家央企感觉还是非常不错的，而且在面试过程中还发现自己是唯一一个没有任何工作经验的候选人，自然不免自我傲娇了一把，而且对方当时给出的工资和福利待遇都非常好，比如总数不低于 6 000 元的月薪和奖金（当时上海的房子均价也就 1 万元出头），4 险 1 金之外还有补充的公积金和养老金，对于一个 2004 年刚毕业的学生来说吸引力不可谓不大。

但是，最后我还是选择了放弃，因为在与人事部领导的最后一轮谈话中被告知，他们希望把我分配到一个郊县（比如嘉定、金山）的分公司担任组训专员和总经理助理，其实助理的岗位对我而言，没有太多的概念，但由于要去郊县工作（当时还没有那么多条地铁线），对于刚回上海的我来说思想上是缺乏准备的，内心多少有种被下放后不知道什么时候再回归的感觉。当然，除了郊县的工作原因，其实还是觉得这份工作来得太容易了，总是心有不甘，相信自己可以找到更好的工作。其实后来很多朋友都说我太不成熟，在央企，年龄、起点和平台就是优势，至于郊县，现在想来其实根本就不算是一个事儿。

看不上民企，拒绝了某巨头董事长秘书的岗位——某内资企业的董事长秘书

这是一家行业比较特殊，但体量极大，而且极为低调的行业巨头。说来也巧，我根本没有投过简历，但在一个下午接到了对方人力资源的电话，邀请我去谈一下，面试过程非常直接和简单，在会议室中与人力资源部经理先谈了 10 分钟，基本上都是他在说："我们正在上海筹建一家公司，办公室在金茂大厦，董事长需要找一个秘书和助理，我们觉得你的背景跟我们的要求比较接近，所以邀请你来谈一下，你对于工资要求是什么……"

说实话，我被一连串的问题给搞蒙了，稀里糊涂地应对了几句，然后随意地报出了一个年薪数字（忘了是 5 万元，还是 6 万元），那个人力资源部经理听完后说："好的，你等一下。"

出去了 5 分钟，进来了一个很有气质的职业女性，简单且干练地跟我交谈了几句，对话中能够感觉到对方的亲和力和强大的气场，她说自己是这家上海成立的新公司未来的总经理，希望能帮董事长找到一个有潜力的年轻人培养成为企业的未来领导者，同时称公司的董事长（创始人）非常有愿景和决心，立志打造世界 500 强企业，并为中国慈善事业做出伟大的贡献。

不得不说，当时她的话的确很有说服力和煽动力，用现在的话来说就属于自带背景音乐（BGM）的那种，而且后来的事实也证明了她并非胡言乱语。在与女总经理对话结束 5 分钟后，人力资源部经理再次走进会议室，开头第一句话我到现在都无法忘记，他说："恭喜你，我们决定录用你了。"我当时没有反应过来，心想你们找个人就这么随意吗？我似乎没有你们想象的这么优秀吧？顿时有点愣头愣脑地回了一句："你们不多想想吗？"

他笑了笑，然后自信满满地说："等你加入以后，你就知道我们一直都是这样的，决策绝不拖泥带水。"瞬间有些石化的我只能憋出一句："那让我考虑一两天再决定吧。"

最后因为各种各样的原因，我还是没有去成这家公司，多年以后，当这家公司因为某次境外年会活动而成为媒体焦点时，不由得生出"此情可待成追忆？只是当时已惘然"的心绪，但没过多久，又陆续看到各种精彩"宫斗"剧情上演，再回首时，自然就是"当时只道是寻常"了。

因缺乏自信，没有尝试外资银行的销售职位——某外资银行的销售

说实话，当时外资银行的销售听起来还是颇有高端意味的，特别是当时中国加入世界贸易组织（WTO）后没几年，外资银行陆陆续续开始在中国启动人民币业务，为了拓展业务，自然开放出很多职位，所以一旦投了简历，基本很快就会接到面试邀约。

由于这些银行一般把办公地点设在外滩或陆家嘴的高端写字楼里，而且装修风格和办公环境还是能吸引到不少慕名而来的面试者，但可惜的是，这些外资银行对没有经验的求职者一般开放的都是销售的岗位，换句话说就是拉存款，虽然现在感觉跟保险代表或房地产中介比起来没有太大的区别，但在当时听起来还是挺"高大上"的存在，不过高额的存款指标和没有丝毫竞争力的存款利率让我始终无法自信地去完成这样一份工作，因此最终没有尝试。

担心不规范，不再考虑会务公司产品策划——会议公司的产品顾问

忘了从哪一年开始，国内（主要在北上广等城市）陆陆续续出现了很多以举办各种专业论坛业务和行业峰会的公司，其实当时这个行业还处于起步阶段，而且在大发展中的中国有太多值得讨论的话题，自然就需要许多产品顾问来设计和组织各项会务。

最初我了解到这个行业也是在一次大型招聘会上，意外路过的时候发现有一家招聘单位居然直接用英文来回答和面对应聘者的问题，这让我瞬间有一种跃跃欲试的躁动，随后也陆续面试了几家公司。

其实就本人的性格和喜好来看，我对这类工作还是非常有兴趣的，尤其是其自带的产品经理属性，还是非常容易给人带来工作上的成就感的。但接触后才发现，这个行业发展速度虽然很快，且市场规模不小，而且行业内的企业数量也很多，但由于缺乏监管，也没有太多的行业标准，所以了解得越多，越是有一种杂乱无章的感觉。

在我当时的认知中，第一份工作还是应该在一个比较强调规则和标准的工作环境中，其实这一点，对于大部分希望在职场上实现长期发展的朋友来说还是非常有必要的，毕竟在职场的初期，能在一些规模较大的企业中接受体系化的培训，知道做事的边界和标准的流程，其益处还是很大的。

一道至今为止印象最深刻的面试问题——应聘 500 强外企销售

除了上面这些经历，另外有一个小插曲也想在这里跟大家分享一下。在这个阶段参与的一系列面试中，我曾去过一家 500 强外企面试销售。当时的面试官（也就是销售经理）在快结束的时候问了我一个问题："假设有一天，你发现自己手上的工作全部完成了，但还没有下班，你打算干什么？"

对于进入职场多年，尤其是从事销售工作的"老人"来说，这个问题并不复杂，作为销售自然就应该不遗余力去拓展新的客户资源和渠道啊，但在当时想了半天就是没有答上来，看来我当时那个年纪还是"太年轻又太简单了"。

然而，对于用人企业来说，提出这个问题的"用意"其实并不那么简单，因为这个问题很大程度考验的不是一个人的知识和技能，而是自身的认知能力，或者说思维方式。而最终决定个体在职场和事业上的差异，更大程度上取决于认知与思维方式，而非学识和技能。

二、山穷水尽后的柳暗花明

方向已明确，以"四大"作为职场起点

在进行 20 多次笔试、面试后，渐渐开始脑子里有了自己未来的职业发展方向，也就是当时促使我出国的最大动力，即当时还是非常热门的四大会计师事务所（以下简称"四大"）。

其实刚回国的时候在我看来，"四大"对我而言就是一个手到擒来的工作，所以内心一直把"四大"当成了托底，试图去尝试更加令人憧憬的诗和远方，但左右权衡与评估后发现应聘的这些工作至少在未来 3 年的发展确定性上反而不如"四大"，所以在经历一番内心的纠结和斗争后，我开启了"四大"的求职之旅。

在这里可能有的小伙伴会有疑问，为什么你只看 3 年的发展稳定性，而不看得更加长远呢？我想说的是，年轻人有长远的目标是好的，但如果起步的阶段不稳定，后面的路可能更艰难了，所以长远目标重要，但当下的 2~3 年更加重要，毕竟一个人到 60 岁退休也就 35 年左右的时间，最开始的 10% 的时间对于整个职业生涯来说还是非常重要的一部分。

网申加面试，但应聘却并不顺利

由于"四大"的网申都是 10 月开始，所以我下定决心后就把之前的工作机会全部拒绝掉了，鉴于前期找工作的顺利程度，当时也没有感到一丝后悔和遗憾，再说之前已经累积了很多面试经验，所以我不觉得"四大"的面试会对我有什么难度。

一开始还是比较顺利的，在"四大"中申请了三家，结果三家都邀请我去参加了笔试，并且最终接到了两家参加群面的面试通知，可能是年龄上的优势，自认为在群面中表现得还是非常出众的。当然后来才明白，群面只要保持不好不坏就不会被淘汰，所谓的表现出众并不会为你加分，中庸反而成了面试过关的关键。群面结束后，也算是比较顺利地接到了其中一家合伙人面试的通知。

直到此刻，一切都在按照自己设想的剧本走，但没想到的事情就在合伙人面试的时候发生了。应该说合伙人面试没有想象中压力那么大，对方也是很和善，而且当时也表现得足够谦逊，一开始进行的都很顺利，合伙人先问了一些关于个人职业发展和兴趣爱好的问题，侧重点和风格各有不同，但那两位合伙人在最后都问了一个问题："当你和比你年龄小、学历低的人一起工作，但对方在公司里的职位还比你高，你怎么处理这种情况和关系呢？"

对于这个问题，坦白说之前是有准备过，顺着"三人行必有我师"的道理延展一下即可，但真的到了要回答的时候，内心还是感受到了一丝挣扎和不忿。不知道是否因为这个心理活动被对方所察觉，在最后一轮面试结束后，将近三个礼拜的时间内都没有被通知录用，打电话去问人力资源（HR）才知道录用通知书（Offer）已经发完了，而此时已经是 11 月底，真是天凉好个秋啊。

此刻的内心开始焦躁不安，9 月到 11 月，回国三个月了，还没有找到工作，接下来该怎么办才好，"四大"招聘已经结束，之前的工作机会也全都放弃了，接下来又该何去何从呢？

接受了一个月薪 3 000 元的工作

2004 年 12 月，这幕找工作的人生情景剧终于进入到收官阶段，在基本确定"四大"与我无缘的情况下，重新踏上了找工作的征程。

这一阶段说实话有点病急乱投医的感觉，基本上什么工作都找，最高峰一天赶三场招聘会，这也算是体会人生百态了，看着家人想宽慰我几句又不敢说怕我难受的时候，心里很不是滋味。就这样，在彷徨中度过了那一年的圣诞节，不过好在我本质上还是一个比较善于自我调节的人，所以还能以本命年必然有一些坎坷的理由来自我宽慰。

不过好在当初还是积累了一些面试经验，所以这一阶段的面试成功率还是挺高的，终于在圣诞节前还是拿到了一个录用通知书，来自一家上海市事业单位下属一个调研公司的研究员，虽然工资加奖金一个月才 3 000 元出头，但看起来似乎有进入事业单位的机会，上班地点则是在华山路上的一处花园洋房内，在手上还没有其他入职机会的情况下，最后还是决定暂时在那里苟且一段时间。

2005 年元旦之后，我就去了这个事业单位报到并开始在那里上班，在事业单位上班自然规矩很多，气氛也比较拘谨，可是在那里上班的第一周却是我在过去半年时间里感觉最幸福的时刻。没过多久一家做市场调研^①的咨询机构正式给了我录用通知书，是一个做定性组分析员的工作，公司在南京西路的一栋写字楼内，管理团队好像来自香港，说实话通过几次面试感觉这个团队还是很专业的，由于我一直对市场营销更有兴趣，而这可是目前为止唯一拿到的一个真正跟市场营销有关的工作，因为之前在英国读书的时候做过调研和分析，知道这在国内必将是一个非常有前途的行业。起薪虽然不高（大概也就年入 5 万元左右），但对方说这个工作就是这样，只要你坚持两年，30 万元以上的年薪绝非遥不可及（许多年后咨询了专业人士，发现对方的确没

---

① 市场调研，行业内有名的企业之一叫 AC 尼尔森（AC Nielsen），是一家主要服务于消费品领域的企业，对客户的反馈、喜好，以及一些市场趋势和消费数据进行收集和分析，现在叫客户 / 消费者洞察（Customer Insights，简称叫 CI），而互联网公司又对这个行业重新定义，并将其称之为用户洞察（User Insights）。

有"画大饼"），如果没有后面的第二个惊喜，可能未来我也就踏上做市场调研和消费者洞察的这条路了。

惊喜来得很突然，"四大"终于发录用通知书了

惊喜其实也没有等太久，就在收到上面这家公司录用通知书的第二天，"四大"中的某一大终于发出了录用通知书，职位是审计助理（Audit Assistant），工资我记得很清楚，是含税 5 000 元的月薪，另外由于我是硕士，所以比本科生多了 500 元的补贴，所以合计是 5 500 元的工资。虽然后来了解到这个机会属于"复活赛"后开放的"候补资格"[①]，但这个时候无论是工资多少，还是如何获得的机会真的都已经不重要了，因为失而复得让我感到自己是世界上最幸福的人，努力和付出，彷徨与等待，惆怅与纠结，在那一刻都一扫而空，当时我就毫不犹豫地接受了这个工作，这个将影响到未来的整个职业生涯的工作。

由于"四大"要求我跟应届生一起入职，并统一安排入职培训等事项，真正报到要从 5 月开始，所以这段时间我还是决定在前面提到的这家提供 3 000 元月薪的上海事业单位下属的调研公司先工作一段时间。

三、复盘与总结

一段不符合"预期"的经历，一份宝贵的财富

把求职经历作为第一章，原因是虽然时过境迁，但每当想起当时的这段经历，还是颇让人感慨和唏嘘的，24 岁的年华，人生还有无数的可能，我不知道重新回到那时是否可以活出更多的精彩，抑或是可以少经历一些"波折"？当然人生没有假如，客观上讲，这样的一段求职经历并不符合我一开始的预期，

[①] 基于事后的了解，才知道原来"四大"在发出录用通知书后，也会有不少人因为找到了更好的工作而放弃"四大"的机会，也就是行业中所谓的"放弃机会"（Turn down Offer）。而"四大"的招聘团队也因为考虑到了这一点，所以在第一批录用通知书发出后往往会留一批候选名单，也就是所谓的候补名单，确保有足量的新人能够入职，以期"圆满"完成当年的招聘任务。

但能在这短短半年内，经历如此高频的"波折"和"选择"。多年以后回过头来看，这段经历却是为未来的职场留下了一份宝贵的财富，毕竟这段时间里所经历的"挫折"，在未来的人生和职场路上给了我很多指导和帮助。

求职前的准备

充分准备是求职路上成功的关键，对于没有工作经验的求职者而言，有几件事是必须要认真思考和面对的，分别是简历的准备，投递渠道的选择，以及求职岗位、求职企业类型的选择，而这四者之间的"匹配度"对于求职的成功率也是非常重要的。

举个例子，如果你希望找一个市场营销的工作岗位，那首先你需要一份比较专业的中英文简历，并在简历中对于自身创意和市场洞察能力，以及相关实习经验做重点描述；同时要选择合适的简历投递方式，比如更多关注企业在一些学校举办的校园招聘宣讲会，大型招聘网站和 App 的招聘广告，企业自己的招聘官网等，而不是通过社招 App 和社会招聘会。

第一份工作，职场的起点

第一份工作，也是职场的起点，对于个人的整个职场生涯影响还是很大的。对于新人求职者来说，相对个人的兴趣爱好，工资高低，以及公司规模等考量因素外，更应该选择一个能在未来至少 3~5 年持续发展的行业，并且符合自身 2~3 年发展预期的岗位作为自己职业的起点，走稳第一步，后面的路才会更加顺畅。

同时，我依然建议大家在找第一份工作时，在有条件的前提下尽量多想想，多看看，多选选。纵然已经获得了不错的机会，依然有必要谨慎认真地思考和对比一下，同时也要评估取舍之间的"机会成本"，千万不要觉得一些比较容易得到的机会就一定不是好机会。

挫折不可怕，捡漏不丢人

没有挫折的求职路是不完整的，毕竟这是一个双向选择的过程，所有你在求职中经历过的挫折一定会沉淀为你在未来职场中的财富。而面对挫折，如果能做到更及时与高频的反思，做好复盘；面对困难，能做到更"正面"与"积极"地去应对，并及时进行补救，那可能就会有不一样的结果。

同时上述提到了"四大"给我的工作机会来自有人放弃后的"候补名单"，是实在属于妥妥的"捡漏"。但现实往往就是这么残酷，如果是一个自己特别渴望的机会，只要结果是"你所期望的"，那获得的方式其实并不是特别的重要，尤其是在你没有太多选择的时候。

毕竟这个世界上没有什么事情是理所当然的，时时刻刻地保持忧患意识，并且认真对待和评估每一项机会成本在任何时候都不会错。而面对选择，瞻前顾后或犹豫不决，往往最终迷失的就是自我。

现在的我，尤为感恩在那段时间所经受的磨炼，而在告别"海归待业者"这样一个身份后，也正式进入了人生的一个全新阶段。新的身份伴随着新的故事和挑战，而真正的"职场故事"，才刚刚开始。

2004 底，24 岁，一个有着 3 000 元月薪的海归待业者

第二章
（2005）入职第一年——做只忙碌的菜鸟

如前文所说，2005年最初几个月，也就是"四大"还没正式入职前，我在一家事业单位下属的公司上班，虽然只是不到4个月的时间，但算起来也是我正式踏入社会的第一步，以及开始工作的第一年。而在正式入职"四大"之后，更是在生活和工作方式上发生了很多的改变，也需要去适应很多新的东西，总体来说用"忙碌的菜鸟"来形容还是非常贴切的。

稍稍整理了一下思绪，还是先从我最开始上班的那家事业单位说起吧。

一、小洋房的四个月

意想不到的"轻松时刻"

我所加入的这家公司的上级机关，看上去还是挺厉害的，主要任务就是负责整理和收集国内外各类经济金融信息，关注国内外经济和民生发展动态。公司和上级事业单位在一起办公，坐落在上海市中心的一栋老式花园洋房，主要职能是为经济主管部门出谋划策。

应该说，能够在鸟语花香的小洋房上班，还是很让人心旷神怡的，虽然定位上就是一个初级小职员，但职位听上去也颇为唬人，叫"宏观经济研究员"。由于我刚刚入职，工作其实并不繁重，第一个礼拜基本上就是在读报告和了解工作内容的过程中度过的。说实话，虽然一开始有预期，但的确比想象中要"轻松许多"，加之这样的工作环境，会让人有种远离都市喧嚣的时空错位感，应该说，除了每月3 000元工资外，几乎没有任何让人感到不满的地方。

人生中的第一位领导，刘老师

再说说我所在的团队吧，部门经理是一个30多岁的女性，上海人，我们都称其为"刘老师"，也算是我职场中的第一任直接主管，而对于刚刚步入职场的我来说，还是感觉非常和善和亲切，而且通过接触和了解后发现的确也是有真才实学的。整个部门大概有六到七个人，除了领导外，还有两位比较资深的同事，此外还有两个毕业不到两年的研究生，另外就是包括我在内的三个刚毕业的研究生了。

因为大家年龄都差不多，加之工作压力不大，所以团队气氛其实维持得一直不错。当时我的工作包括将一些有针对性的国内外网站上的经济新闻或专家评论进行精简和编辑，做成提供给领导们看的经济内刊，当然也会根据需要做一些研究类的课题。说实话，对于我们这几个写过硕士论文的"新手"来说，仅仅为了"交作业"，上述这些工作都不构成什么难度。

不过刘老师还是一个很有追求的领导，虽然对我们要求不会特别严苛，甚至基本不会说什么重话，但还是会对我们写的每一篇东西逐字逐句修改，并修补逻辑漏洞，进一步提升产品的"决策有用性"。当时虽然不太明白她为什么要这么做，但后来渐渐也明白了，这可能就是所谓的"责任心"和"工匠精神"吧。

大领导的大智慧——视角与格局

除了刘老师，在小洋房工作期间让我印象最为深刻的就是每月一次跟单位大领导一起开会了，月会内容不复杂，除了汇报日常工作外，还有大领导的点评和发言。虽然在这家公司只做了 4 个月，但每次跟大领导一起开会的场景我都记忆犹新，为此特别整理了几个片段给大家分享一下。

片段一：

有一次开会，轮到我来提出研究课题，算是经过精心准备，反复推敲后，说出了这样一个课题：进入 WTO 之后，很多东西都需要接轨，那我们是不是可以从企业和个人纳税人权益的角度来分析一下呢？大领导马上就给出了神点评："这个问题我是这样看的，纳税本身就是公民的义务，你们说说自己现在这点工资，能给国家做多少贡献呢？基于我们国家的累进税率，高收入的人交多点税其实也是公平合理的，因为他们在交税之前已经得到了加入 WTO 给他们的好处了，更何况现在依然存在未如实申报个人收入的现象。当然，我觉得纳税这个论题还是不错的，不过重点不是纳税人的权益，而是聚焦到责任和义务上来，比如'在后 WTO 时代，如何进一步完善和规范纳税人责任和义务'这样一个话题，这个写好了就不得了了。"自此之后，大领导的话一直在鞭策我树立正确的价值观，用正面积极的态度来看待税单上"纳税光荣"这四个字。

片段二：

有一次，刘老师在开会时向大领导诉苦，说我们做的这些经济内参除了自己消化外，很难卖给其他单位，缺乏真正的市场竞争力。

大领导想了想说："除了做好产品、做好内容之外，我们也要通过一线业务团队做好对客户的价值传导，毕竟在市场化的环境下，客户认可是第一位的。我们要放下身段，别看你们都是研究员，研究员的知识和学历如果不能转化为生产力，那有什么用？"

由于时间久远，我记不太清大领导的原话，但当时那段话就是这个意思。

在与大领导为数不多的几次接触中，我最大的感触就是"视角"与"格局"不同，看问题的角度也会不一样。那时候其实不太懂所谓的"战略思维"，这样的思维方式，的确可以带来完全不同的视角，并通过不一样的方式获得不同的结果。但在当时，很多东西还是无法理解，更多只从个人角度出发去理解，正所谓格局不够高，看问题缺乏深度，应该就是我当时的状态吧。

上面的这些内容基本就是整个 1 月到 4 月期间的工作经历的总结了，对于大部分出道就在外企和民企的朋友们来说，应该是没有这种在类似单位工作的经历的。而我在这段时间工作最大的感受就是，虽然留下来可以获得体制内的发展机会，但就个性而言，想要适应这样的环境非常难。也就是在这样的情况下，我完成了人生中的第一次"入离职"。

值得一提的是，当我在 4 月初提出辞职的时候，刘老师跟我语重心长地谈了一次，让我意外的是，她居然很支持我的决定，希望我未来能够走得更远。怎么说呢，虽然后来也没有太多联系，而且现在回想起来印象也渐渐模糊，但作为自己职业生涯中的第一个领导，还是非常感谢她对我的提点和帮助。

二、那个奋战注册会计师的夏天

岗前培训还给钱，一丝来自资本的温暖

从"小洋楼"离职到 A 公司（为了方便大家理解，我所服务的那家"四大"称作 A 公司）报到，时间间隔还不到一周，其实报到也不算就是上班了，只是去办公室签个合同，办个工资卡，领一些资料而已。而在那之后就是长

达两个月的入职前培训，其中第一个月是注册会计师（CPA）考试强化训练，还有一个月是公司的标准入职培训。

报到过程没有太多好说的，但从华山路的小洋房转战市中心的 5A 写字楼，感觉上还是颇有一些不同，毕竟为了吸引初出校园的年轻人为其"创造价值"，A 公司在品牌宣传和包装上都还是下了很多功夫，花了不少心思的。

注册会计师考试培训一共五周，是从 5 月开始的，一直持续到 6 月初，考试涉及的五门课① 同时开讲，一周一门，一门课上五天，培训地点在一个公司附近外租的业余学校里，记得那年一起入职的有大概 100 多人吧，包括了审计、税务和风险管理三个部门，而其中又以审计占大头，毕竟那几年算是中国审计业的黄金时代，对于初级劳动力的需求快速增加也属于合理。公司请来了著名财经大学会计学院的专职老师来上课，五周培训的强度不小，用公司培训部某位领导的话来说："就算考不过，至少也能让你们在上班前有点感觉。"

虽然离正式入职还有一段时间，虽然是公司免费提供的岗前培训，虽然此时还没有真正给 A 公司创造价值，但公司当时还是给了每天 100 元的实习工资，用当时一位教审计的老师的话说："我之前还没有听说过哪个公司同时花钱请老师和学生一起来上课的。"

虽然说资本从头到脚每个毛孔里都是血和肮脏的东西，虽然这样做最终的目的是让大家给公司带来更大的价值，但 A 公司能这样安排在当时看来还是非常让人觉得有"人情味"的。至少对我来说，原本认知中"无利不起早"的"四大"会计师事务所合伙人们背后，莫名多了一层"人性"的光环。

走考试的"独木桥"，还是走自己的路

在这里趁机说一下那个年代中国的注册会计师考试，坦白说，这考试本质上跟古代的科举是一样的，与其说是一场针对财务知识和技能的书面考核，倒不如说成是一场心智的磨砺。虽然说科举造就了不少百无一用的书生，但历代往圣先贤们中的绝大部分都是从这座"独木桥"上走过来的。

---

① 当时国内注册会计师考试还是五门课程，包括：会计、税法、经济法、审计和财务管理，加考综合和战略管理是很多年以后的事了。

讲真的，这五周的注册会计师考试培训，是我生平读书最认真的一次，也是第一次和真正的学霸们在一起学习的过程。之前我说过自己的智商并不低，但这要看跟谁比，跟学霸在一起让我最终还是明白了一个道理，就是当你发现拼智商没有用的情况下，必须找到自身其他的优势。

注册会计师考试培训在 6 月初结束了，随后便进入了三周的就职前培训期。A 公司此时再次祭出大手笔，100 多号人全部拉到上海国家会计学院进行封闭式培训，请来了公司在职的审计经理们担任讲师，从职业标准、业务内容、道德规范、工作技巧、沟通能力等多个层面对新入职员工进行言传身教。晚上所有人都住在学院的单间宿舍里，由于都是 22 ~ 24 岁年轻单身男女，所以那三周时间里还是有很多故事的。这一点，在白天通过观察不同人的精神状态就能感受得到，各种哈欠连天、神采奕奕、垂头丧气、魂不守舍……应有尽有，而担任讲师的经理们似乎对此也是一种司空见惯的表情。

印象最为深刻的是有一次下午 3 点左右，负责培训的经理把我们叫到学院的阶梯多功能报告厅，然后态度异常严肃地对所有人说："你们这些天晚上都在干什么？你们未来都是专业人士，很多事情在做之前要考虑到后果和影响！"随后拿出一张纸说："下面我念到名字的人站到前面来。"随后全场一片安静，有些有故事的人很紧张，有些人类似我这样的"吃瓜群众"就显得很迷茫，随着名字被一个个叫起，一些人陆陆续续地走上了讲台，有男有女，有些神经大条的还在走上去的时候向台下招手，引起一阵稀稀拉拉的嘘声、掌声和哄笑声。等到所有名字喊完，培训经理说："你们知道这些人为什么站在这里吗？公司给你们安排了住宿和培训设施，是希望你们能够安下心来学习，而不是让你们在寝室里面煲电话粥的……站在台上这些人都是过去几天里每天平均打一个小时以上电话的，试问你们真的有那么多话要讲吗？"

此言一出，台下顿时哗然，我清楚地记得周围有几个人做出了如释重负状，没过许久，便有一个愤青暴起大喝道："你这样做难道不是对我们人权的践踏吗？大家说是不是？"在大概不到一秒钟的寂静后，周围立刻掌声雷动……这件事最后怎么结束的我已经记不太清了，但那位愤青貌似没有做满一年就离开转行了，但站上台的那些"违纪分子"倒有数人现在已经是合伙人了。虽然只是一件小事，但命运这东西又让人怎么说呢？

其实那个在上海国家会计学院度过的夏天还是有很多值得回忆的东西，比如一些人会在晚上去食堂喝几杯啤酒畅谈人生；也有在学院相知相识，随后走在一起，现在已经结婚生子的；依然无法忘记最后一天的小组演示报告，那堪比文艺汇演的空前盛况。当然也不能免俗地穿插了很多领导（专业名词叫主管合伙人，业内俗称大 Par）讲话，到现在为止还记得，也还在影响我的只有两句，一句是某位领导说："我们这个行业，诚信是排在所有能力之前的基本职业素养。"还有一句是某位外国籍培训讲师说的："你们不应该把成为合伙人作为自己唯一或最重要的职业发展目标，而是应该争取能够成为 500 强或一些国际性公司的总监（他当时用的是 Director，被我错误地理解为董事）。"随着时间的推移，这两句话还真的是越品越有味道啊！

第一笔工资到账，正式成为一名审计助理

伴随着培训的结束，时间已经进入了 7 月，从理论和技术层面上来说，所有人都告别了学生身份，成了一名拥有《劳动手册》[①] 的企业雇员，而且对于大部分人来说，在 7 月初都拿到了他们人生的第一笔工资收入。就那个年代来说，对于刚毕业的大学生，这些钱还是不少的，毕竟那时候没有直播这样的赚钱方式，靠兼职打工的工资还是非常低的。而对我本人而言，5 500 元的工资和之前大概 25 天的实习工资加在一起扣税后的金额还是颇有视觉冲击力的，看到自动取款机[②] 里工资卡上的余额还是在内心欢呼了一下。

再说 7 月入职后的事情，当时其实是会计师事务所的淡季，7、8 两个月分配给新人审计助理一级（简称 A1）的任务依然是复习注册会计师考试（CPA），让我再一次感受到了公司的慷慨。每天一早去办公室就看到大批的 A1 坐在办公室的"大排档"（没有隔断的办公区域）吃早饭、聊天，当然也有人会找一个角落用公司的电脑联机打游戏。不得不说，那个年代的 A 公司真是舍得花钱，入职前就已经把新的笔记本电脑发给每一个人。而上述这种状态业内也被称为"空闲 idle"，空闲的人越多，说明资源越没有被有效地使

---

① 上海的特色，记录着就业者在各家工作单位的入离职情况，2011 年开始改为就业失业登记证。
② 当时手机还不能像如今这样随意上网，所以一般查工资都要去自动取款机查询。

用，而这也是老板们不愿意看到的，后来公司估计是学精了，把入职的时间改到了每年的 9 月，那是后话了。

自我评价一下，我那时候应该还算比较认真的，整个 7 月和 8 月基本都把时间花在复习 CPA 上面了，当时做好的计划是，第一年报三门，争取能过两门，第二年再过两门，第三年全过，但越是复习到后面越是发现，这个考试可能真的不适合我，我始终无法把握考试的出题思路，这着实让我很无奈，越复习越没有信心，但最后还是硬着头皮去参加了考试。

直到 11 月中旬 CPA 成绩的发布，结果惨不忍睹，我报考的三门居然一门都没过，其中最高的一门是 50 多分，另外两门都是 30 多分，虽说早有心理准备，但为了这个考试我还是投入很多时间和精力，听到噩耗时整个人都不好了，如果要说 2005 年有什么让我不开心的事，可能 CPA 全军覆没算是唯一一件了吧。如果说之前可能还稍微有些犹豫和执念，但这件事情发生后反而坚定了我彻底放弃 CPA 的决心，真不知道是好是坏。

整个伴随着 CPA 的夏天也就过去了，而真正的"四大"生活即将开始。

三、不是忙季的忙季

事务所的那些事儿

开始这部分之前有必要先科普一下中国会计师事务所审计业务的主业：

（1）有限公司的法定审计和所得税汇算清缴，以每个日历年度作为一个周期。

（2）上市公司或拟首次公开募股（IPO）的公司需要针对季度进行审计。

（3）一些关于收并购的特殊审计需求。

鉴于上市公司年报公布和所得税汇算清缴的时间要求（第二年的 4 月底前），所以每年的 1 月到 4 月被称为会计师事务所的忙季。

简单点说，就是一家事务所 50% 以上的业务都发生在此期间，所以在这4 个月里，事务所无论人员、时间、资源都非常紧张，通常所说的"四大"上班熬通宵也就是从这个地方来的。

当然除了法定审计外，事务所也会对一些需要 IPO 的公司做上市审计，或者对一些被收购的公司进行尽职调查审计，上述这些项目一般不会被安排在年底进行，所以一旦此类项目过多时，平时的非忙季就会变成忙季。

第一个项目——杭州国企 IPO 审计

而我的第一个做得比忙季还辛苦的项目就是在非忙季发生的。我的第一个项目就是在 9 月中旬开始的，那时刚考完 CPA，第二周就被邮件通知到一个会议室开会，然后被审计经理告知接下来 2 个月的项目安排。那是一家杭州的大型制造业国企，从规模上来讲应该算是国内的行业龙头，当时准备在海外上市。由于 A 公司之前做过他们的国际会计准则报告业务，所以就找了我们公司希望做一个三年两期，基于国际会计准则的审计，没记错的话，应该是 2005 年和 2004 年的 9 月 30 日报告期，再加上 2002、2003、2004 三年全年报告期。

F 是负责这个项目的审计经理，77 年生人，作为"四大"的审计经理当时连 28 周岁都不到，应该说还是非常年轻的，但这在"四大"其实也是一种常态。毕竟 22 岁毕业入行开始算起，经过 5 年打熬，27 岁升审计经理的也不在少数。因为大家年龄差别不是很大，所以沟通效率很高，审计经理要求整个审计团队在 9 月的第三周就进场，然后要求审计小组长（ In Charge，IC ）E 姐在当周安排好各项准备事宜。

沟通效率很高，待一切问题清楚后，我就跟着 E 姐一起准备起来了。第一个项目，第一次出差，总是充满着各种新鲜感，酒店还是找得不错，在西湖边上的马可·波罗酒店。E 姐比我年长 1~2 岁，有过两年工作经验后才进的"四大"，加上其他团队成员大概总共 6~7 个人吧。

客户挺热情的，每天中午都安排我们去他们的干部食堂吃饭，但真正开始审计工作后却发现挑战还是颇为不少。那个年代，很多国企还停留在手工账的阶段，很多表面的数字后面都是一大堆故事，作为"四大"的新人，基本上就是跟在后面问问题，然后根据听得一知半解的答案自己摸索。

我被安排的第一个工作任务就是复核 50 个银行账户的余额和余额调节表，由于大量手工账，所以光复印就是一个下午，然后晚上回到酒店开始编制工作底稿，有问题第二天一早再去跟客户确认，至今依稀记得自己的第一张关于银行的工作底稿足足做了 3 天，而项目的第一周基本都是晚上 11 点以后才睡的，最夸张的一次是做完后窗外已经天亮了。就是在这样的状态下熬过了第一周。

第二周加班情况虽然好一些，但也是第一次经历了作为审计新人必须承担的一项工作：抽样，客户全手工账，而财务凭证不能带出凭证间，所以我只能坐在昏暗的凭证间里完成这项工作，我承认，这的确是一种身心的折磨，但通过这两周也让我相信"拔苗的确可以助长"。

枯燥的工作流程与闪亮的工资单

为了方便大家理解我最初的工作内容，在这里可能还要再简述一下"四大"当时的审计工作流程：

（1）由合伙人开拓新业务和接新项目。

（2）签订业务约定书（也就是审计服务合同）。

（3）由审计经理牵项目组。每个项目组会有一名审计小组长和若干名审计师与审计助理构成。

（4）审计师会按照审计小组长和经理的要求，完成对应财务科目与业务流程的审计底稿，并交由后者进行复核。

（5）复核过程中，如发现存在进一步需要确认的问题，则会再次对相关内容进行核实与沟通（也就是业内常说的出 Q 和清 Q）。

（6）底稿编制与审核工作结束后，审计团队编制试算平衡表，进入到所谓出报告阶段。

（7）报告阶段，经理和合伙人就会参与进来，并被称之为二级和三级复核。

上述流程走完后，进入正式签发报告的程序，而正式签发审计报告前还会有一定的内部流程要走，由于其中的一些细节在下一章还会有比较详细的交代，所以这里就不一一赘述了。

两周结束后，国庆节到了，想着可以喘口气，但在 9 月 30 日被通知 10 月 1 日不要回家了，留在客户这里盘点，经过一番纠结后发现其实也不坏，除了可以在 10 月 1 日拿 3 倍的工资外（按照当时的工资来算的话，就相当于 1 天超过 1 千元的收入），而且盘点其实也是挺轻松的工作，第一个项目在这样的节奏中持续了一个半月。

10 月中旬回到办公室，其他人都去了别的项目，而我估计是因为便宜又好用的关系被经理在项目上又保留了 1 个月，这个行业内叫"项目跟进（Follow）"，自然又是没日没夜地加班加班再加班，数着天算出头之日。好在 F 经理和 E 姐都很体恤下属，该给的加班费都给，从而导致我 10 月的工资单一下子税后超过了五位数，那一刻我承认我在金钱面前屈服了。

当然，这里也非常感谢 F 经理和 E 姐在工作上的耐心指导，毕竟如标题所说，作为一名菜鸟，面对全新的环境和工作，没有任何经验，自然要学的东西和要踩的"坑"有很多。这里的"坑"特指刚开始接触这类工作后，由于不熟悉业务流程，而同时由于项目时间非常紧，纵使你的审计小组长非常负责也非常愿意教你，但根本不可能做到事无巨细，所以纵使在大方向上不出现问题，但不可避免会出现一些"重复劳动"和"返工"的情况。而这其实也是相应地在考验时间管理和经验总结的能力，如何能在短时间内快速上手，适应环境，并且取得成长，除了自我因素外，与辅导和帮助你的人还是密不可分的，也正是因为在忙季前经历了这样一个项目，让我能在真正忙季到来后不会无所适从。

很快 12 月到了，忙季也来了，工作表不出意外的是按照一周六天、一天 10 小时的工作量来排的，这样的节奏从 12 月初一直持续到来年的 4 月底。可能是为了提振士气，公司特别安排在 12 月底前召开年会，第一次参加还是非常兴奋的，各种俊男美女，各种奇装异服，值得一提的是我们这一桌居然还中了奖，也算是黑暗忙季之中的一抹亮色了。

四、复盘与总结

工匠精神、战略思维与诚信

作为职场元年让我印象最深的三个词——工匠精神、战略思维与诚信，应该说时至今日都对我有很深刻的影响。其中，工匠精神来自我的第一位领导刘老师，虽然接触不长，且几乎没有对我进行过任何说教，现在也基本没有了联系，但她个人通过工作所展示出来的严谨和认真直到现在还影响着我，具象到现实情况就是，面对一项工作，我内心的标准是什么？是领导的要求？公司的标准？还是超越上述两者的基础上去不断自我突破并到达自我价值的认同呢？从结果来看，选择后者，肯定是一条比较艰难且短期看不到结果的路，但也同样是一条通过坚持不懈创造出长期价值的路。

战略思维来自少数几次和大领导的对话，尽管当时没有任何感觉，但作为初入职场的新人，能拥有与厅局级的领导进行如此深度对话和交流的机会还是非常难得的。正所谓"站得更高，才能看得更远；看得更远，才能把脚下的路走得更扎实"。而思维方式的改变，则会随着工作经验与社会阅历的丰富，变得越来越难。对于初入职场的我来说，本着工匠精神耕耘好自己脚下的一亩三分地，但同样要学会"抬头看天，举目远眺"，思考一下天空和大地之间的联系，还有山那边的风景。

从 5 月到 7 月，"四大"入职培训的内容很多，但我印象最深的还是某位领导提到的"诚信"二字，也非常庆幸能在那个时候就在内心植入了一个"不可妥协"的概念，形成了所谓的"底线思维"。这对于财务这个工作尤为重要，也对我后续的工作和职场经历产生了非常深远的影响。

如何面对注会考试的"独木桥"

那一年，我花了很多时间去准备注册会计师的考试，但结果却不尽如人意，也一度陷入沮丧和迷茫。时至今日，这也是众多怀揣着雄心壮志，想要通过注会考试这条"独木桥"，并成就职场梦想的年轻人所面临的问题。对于这个问题，不同的人有着不同的解读，有些人把重点聚焦在"如何更高效地通过考试"上，而我的解读是，这不是唯一一条通向成功的路。

虽然注会考试是否通过，代表着一定的专业水平，同样也是成为"执业注册会计师"的前提条件，但并没有和更为重要的"实务处理能力"直接挂钩，也不代表你未来一定能通过"执业注册会计师"这个职业赚到很多钱，更不是一个保障你不会失业的"铁饭碗"。

当然，在这里我并不是想说注会考试不重要，或者考出来没有价值，而是想强调一点，就是纵然没有通过这个考试，也不代表你无法在财务这个领域取得超越大部分人的成就。与其花费大量时间、精力在一个并不适合自己的考试上，不如找到自己的核心竞争力，并最大程度去创造和输出价值才更为重要。

关于"四大"的业务与职级

从当时来看，"四大"会计师事务所一般会有四个主要的业务版块，除了前文已经有所介绍，并作为"四大"主业的审计部门外，一般还会有税务、风险管理、投资与并购服务等数个部门。其实税务部门主要工作包括公司设立、税务合规、转移定价等服务；风险管理部门则更多聚焦在当时国内已经开始关注萨班斯法案（SOX）内控审计和应用系统审计两块业务；而投资与并购服务则顾名思义，就是在企业投并购过程中的各种财务咨询服务。

此外就是"四大"会计师事务所的职级设定，以规模最大的审计部门为例，毕业生入职后一般都叫作审计助理一级（Audit Assistant 1，简称 A1），第 2 年如果顺利的话会升一级叫审计助理二级（Audit Assistant 2，简称 A2），第 3~5 年叫作高级审计师（Audit Senior）或助理审计经理（Assistant Manager），并根据年限在职位后面加上 1、2、3 来区分工资和资深度。

根据当时职级设定，在"四大"的前五年属于员工（Staff）阶段，会从审计助理一路上升至高级审计师，如果你考过注册会计师，同时没有犯过太多的错误，一般会在第 5 年结束后升到审计经理，等到审计经理做了 3 年左右，根据表现可以升为高级审计经理（Senior Audit Manager），再后面就是合伙人（Partner），如果对标一下某些修真小说，到了"四大"的合伙人基本属于这个行业中达到阶层跨越的阶段，但能不能突破到这一级就要结合运气、能力、业绩等多种因素了。时过境迁，现如今的"四大"早已经今日不同往日了，除了不能犯错和考证外，还要有业绩支持，能不能到合伙人则更多是看销售和业务拓展的能力了。

为了方便大家理解，各职级和职位的设定进行了一些简单的描述，见下表。

"四大"职级设定表

职级	职位	时长	年收入（预计）	晋升标准	主要工作
员工阶段	审计助理	0~2 年	10 万~15 万元	不犯错，工作表现达到预期	基础审计工作
	高级审计师	3~5 年	30 万~50 万元		负责审计小组管理及报告编撰
经理阶段	审计经理 / 高级审计经理	6~10 年	50 万~80 万元	取得 CPA 或其他证书，工作表现达到预期，有空缺经理岗位	审计项目管理，报告出具，业务谈判
管理阶段	合伙人	10 年以上	120 万元	作为经理表现优秀，能在确保风险可控的前提下拓展业务	业务拓展，业务谈判，报告签发，风险管控等

特别提一下，上表中涉及收入的金额，是基于 2005 年情况的一个预估值，并不代表现在的收入情况。

学习阶段，应该对自己狠一点

如果说求职是职场成长的准备阶段，那 2005 年作为我本人的职场元年，主要就是在为后续发展打基础，也就是所谓的职场基础阶段。很多年以后再回头进行复盘，发现基础打得牢固与否对你将来的职场之路影响是非常深远的。

对于任何一位职场菜鸟来说，学习自然是主要的"工作任务"。其实仔细想来，尽管公司和领导都一再要求我们自我定位为"来自专业机构的专业人士"，但无论是在"小洋楼"的四个月，还是在 A 公司经历的培训和审计项目，本质都是在学习。当然，相比其他人的职场元年来说，我的第一年似乎多了不少"折腾"的元素，而这番"折腾"带给我最大的启示就是：

在职场的早期，如果你能对自己狠一点，主动去多付出一些，并且在自我目标明确的基础上"多折腾"一下，可能后面的路就会比别人更加顺畅一点，或能走得更快一点。

所以这里给初入职场的朋友们一些建议：

（1）无论你经历了什么，问问自己从中学到了什么？收获了什么？

（2）学习是你这一阶段的主要任务，感恩能给你学习资源的组织与个人。

（3）职场早期经历的压力和痛苦会让你未来的路走得更好。

2005 年就这样在风风火火中结束了，新的一年除了迎战"四大"的第一个忙季外，工作聚焦点也从学习转向价值创造，而其中也不免需要去面对一些专业判断的场景。当然，这里面也涉及了一些关于"四大"的趣事，我们留到下一章来讲。

2005 年底，25 岁，月薪 5 500 元，"四大"A 公司初级审计师

第三章

（2006）"四大"的黄金时代——选择、放弃与坚持

这一章的题目乍看起来有点大，但我想所有 2005 年至 2007 年，甚至于 2008 年在"四大"工作过的人对这个标题一定会产生共鸣，这段时间对于中国的审计行业来说，的确是一个"黄金时代"。

当然，天下没有免费的午餐，任何事情都不是无缘无故发生的，审计业之所以能在这个时代如此繁荣，肯定是基于市场对审计报告需求的增加，而审计报告需求的增加则基本来自资本市场的需要，其中抛开一小部分资本市场逐步规范过程中的影响外，主要还是由于整体市场的景气和繁荣。

而市场景气与繁荣的成因就比较复杂了，综合动因我总结了一下大概是以下几点：

（1）后 WTO 时代制造业与出口外向型经济的蓬勃发展的影响。

（2）大量基础建设投入后，城市化进程加快与消费升级的影响。

（3）人民币进入升值快车道^①后，海外投资疯狂涌入的影响。

其实仔细剖析一下，现实情况也是蛮悲哀的，表面光鲜的审计业究其本质还是要依附于资本市场而存在。我也就是在这样的大势下开始并结束了两年多的审计生涯。这一章主要内容就把审计行业的几个热点话题拿出来分享一下吧。

一、做审计需要勇气

这一节的题目来自当时某家"四大"一位才子改编的《勇气》片段，歌词是"做审计需要勇气，来面对 Q 来 Q 去，AIC 一个眼神肯定，我才可以填 OT，做审计需要勇气，来等待忙季过去。我的名字永远留在了，我做过的底稿里，和你的真心。"

---

① 2005 年 7 月 21 日，中国人民银行宣布，自当日起，我国开始实行以市场供求为基础、参考一揽子货币进行调节、有管理的浮动汇率制度。根据对汇率合理均衡水平的测算，人民币兑换美元当日升值 2%，即 1 美元兑换 8.11 元人民币，之后的两年间，人民币兑换美元进入了升值的快车道。

　　"四大"第一年一般都叫"小朋友"，可能你在加入"四大"之前有过工作经验，也可能你硕士毕业后入职年纪比审计小组长还大，但如果你以 A1 的身份入职，那就都是"小朋友"。

　　"小朋友"整体工作量的 50% 以上被复印、抽样和盘点占据了，在依稀的记忆中，如果是一周的项目，那肯定有一天是守在复印机旁的，还有一天多半是泡在凭证间里，我在第一个忙季里前前后后也去了大小不一的 5~6 家客户，基本都是如此周而往复，枯燥中默默忍受着艰辛。

"小朋友"的四个核心能力

　　前文已经说过，整个审计项目大致分为项目准备、现场工作和项目跟进三个阶段，作为入职两年内的审计助理，大部分的工作内容还是会聚焦在现场工作上，所以经常会出现这周在这个项目，下周要赶去另一个项目的情况，忙季期间带着行李箱在外面周转个把月也是常见事情。为什么说这份工作需要"勇气"呢，因为在我看来，能在这样的工作节奏和环境中达到预期的表现，至少需要做到以下四点：

1. 快速熟悉一个新的客户与行业

　　由于刚刚毕业的新人缺乏社会经验，往往在项目开始之前对客户的情况、一些行业特性一无所知，这样经常会导致在审计工作中向客户问出一些比较"低级"的问题，导致客户产生"这个都看不懂，为什么还要收这么贵的审计费"这样的反馈。

　　所以能建立起快速熟悉一个新客户与行业的能力可能成为一个审计新人的核心竞争力，当然要做到这一点很难，而一个项目留给你熟悉的时间也非常少，所以提前做一些功课，认真阅读上一年的审计底稿，了解核心业务就非常关键了，尽管这些时间可能需要你从其他项目上，或者自己的闲暇时间中挤出来，但在我看来还是非常值得的。因为这样不但可以让你在客户面前表现得更为专业外，还能大幅提升现场工作的效率，长远来讲，对未来找新工作也有很大的帮助。

2. 能够快速融入一个新的团队

　　之所以成为"四大"，核心原因就在于规模和人数，虽然同在一个部门，但一年下来你认识的人可能不会超过三分之一，再加上当时不低于 30% 的人员流动率，所以在不同的项目上遇到素未谋面的同事是非常正常的事。

一般来说，审计小组都不会少于三个人，正所谓三人成众，虽然大家年龄差异基本也就在 2~3 岁之间，原则上不存在什么"代沟"，但不同的审计组长风格也并不相同，如何快速融入一个新团队，并能高效地协同与开展工作，就显得尤为重要了。

另外，虽然公司有标准的工作程序，但到了具体工作也会有不少个性化和差异，而且考虑到项目性质不一样，所以一些工作的要求也会不一样。比如对于第一年审计的新客户和每年都审计的老客户，在风险把控和审计细节的要求上，前者比后者就要高出许多。所以在上一个项目的经验可能在下一个项目上就无法复制，而是要因地制宜地来应对和调整。在这一点上，作为新人和团队成员，与审计组长和其他团队成员的沟通和共识就显得尤为重要了，对于一些不确定和把控不了的事项，多进行沟通，避免"重复返工"或"做无用功"也是非常重要的关注点。

3. 极强的时间管理能力

由于现场工作时间往往只有 1~2 周，事实上大部分项目只有 1 周的时间，如果算上往返的行程（周一进场，周五离场），基本上真正在现场的时间大概只有 4 天左右，这还不包括可能还要去生产车间和仓库进行盘点的时间。由于客户不太可能陪着你加班，所以一般的做法是在客户工作时间把所有需要收集的资料要到手，并充分利用下班后甚至晚上的时间完成对应的审计工作，随后在第二天根据前一天审计工作中所发现的问题与客户的关键人员确认清楚。再回来补充资料和完成剩余的审计工作。此外，由于你可能下一周就要去另一个项目，所以你负责的审计底稿必须在现场工作结束之前给到审计组长完成复核，所以实际工作时间会更加紧张，这也是为什么传说中"四大"都要加班到深夜的原因了。

就审计工作的专业性来说，对新人的要求并不算高，说到底也就是整理一些数据，做一些简单的变动分析，核对一下数字的真实性和有效性等，难点在于能否在极为有限的时间内，交付出符合预期的结果。很明显，一些从非"四大"的本土事务所跳槽过来的同事就非常不适应这种工作风格，不过这也是我在"四大"收益良多的一点，基本上在一些对于大部分人来说"时间紧、任务急"的工作上都能做到游刃有余。

4. 责任心与兜底心态

前一章里讲到刘老师的责任心，更多的是对于自己工作细节的打磨和对于更极致结果的追求，而这里讲的责任心则是对于自己曾经经手的工作要有一种"兜底心态"。前面提到过，在你离开某一个项目之前，相关工作会经过审计组长的复核，但不可避免对于一些问题在事后的跟进阶段需要进行进一步确认，这时候负责跟进的审计组长和审计经理可能就会根据审计底稿的"签名人"打电话询问，而这个时候可能你正在另一个项目上"煎熬"着，这时候有些人就会以"我现在不负责这个项目""当时现场复核时怎么不说"或者"这个事情我已经记不清了"等说辞作为推脱的理由。不过事实上，所有底稿电子档都留存在你的电脑里，完全是可以在自己的能力范围内，就你所知道的内容进行相关回复和确认的。

当然，为了避免这种情况发生，也完全可以把自己的工作做得更细，虽然在如此短的时间内做到这一点很难，但如果对于任何事情都秉承着一种"兜底心态"，即只要经过我的手，或我曾经负责过，我就尽量不把或尽可能少把问题留给后来人。而这种习惯的养成，也在我后期的工作中持续产生影响，而所谓的"兜底心态"也会逐渐演变成为一种由内而外对自我工作要求的"底线思维"。

审计团队的组成与分工

下面来具体说说一个审计项目的成员和分工逻辑。首先，一份常规的财务审计报告，是基于企业某一时点的资产负债表（通常为年底），以及对应期间的利润表和现金流（通常为一个日历年度）开展对应的审计工作，并发表相关的审计意见。所以对应工作也是基于上述内容而展开的，自然审计小组会基于资产负债表和利润表的科目进行分工，对于单独的科目，下面以一个5人配置的小团队为例，来给大家做一个简要说明，见下表。

5 人团队成员分工表

团队成员	主要职责	项目时长
审计经理	组织审计团队，项目盈利测算与回款，底稿审核，报告签字	从项目启动到报告签发

续上表

团队成员	主要职责	项目时长
审计组长	负责现场审计工作和前期准备工作，审计底稿审核，编制试算平衡表，报告审计起草	项目启动后加入报告签发结束，包含现场工作和后期跟进
高级审计师	负责收入、成本等利润表重要项目以及现金流量表的审计工作	一般只参与现场工作，但也会参加部分的后续项目跟进
审计助理二级（A2）	负责资产负债表往来科目（应收应付等）以及重要资产负债科目的审计工作	现场工作，一般 1 ~ 2 周
审计助理一级（A1）	负责所有抽样、复印、底稿整理，以及银行存款、管理费用等项目的审计工作	现场工作，一般 1 ~ 2 周

上述工作职责的分配逻辑是基于"能力"和"业务复杂度"行匹配的结果，其中能力则是根据职位、经验、专业性等综合的判断考量，并于对应的职位进行挂钩，而业务复杂度一方面基于相关业务对审计专业判断[①]能力的依赖程度，另一方面则是基于业务相关审计风险[②]的评估。

和大家固有认知有所不同的是，上述两个判断标准并不基于相关业务对企业经营的重要性而定的，比如第一年"小朋友"会负责银行账户的审计工作，而银行存款和现金对于企业的重要性毋庸置疑，而让"小朋友"负责这部分审计工作不代表这个项目对业务不重要，而是因为相对来说审计工作的难度不是特别大。当然，近年来不少上市公司财报作假的案件也不乏银行余额造假这种技术含量极低的财务舞弊行为，所以审计"小朋友"的工作依然非常重要。

审计费到底怎么算出来的

坊间都在传言，"四大"的审计费很贵，正好借这个机会来说明一下审计

[①] 审计专业判断是审计人员为了实现审计目标，依据审计法律法规的规定和有关标准，在审计实践和感性认识的基础上，根据自己的专业知识和经验对客观审计对象和主观审计行为做出合理的专业认定、评价和决策。

[②] 审计风险是对含有重大不实事项的财务报表产生错误判断的可能性。审计风险的大小受内在风险、控制风险和检查风险的影响。被审单位会计处理过程中发生重大不实事项的可能性称为内在风险；被审单位内部控制系统不能发现和改正已发生的重大不实事项的可能性称为控制风险；审计人员在执行审计程序时，不能查出重大不实事项的可能性称为检查风险。

费或者其他的一些项目咨询费用的核算依据。其实"四大"的报价逻辑简单，就是下面这个公式：

$$标准审计费报价 = 预估审计工时 \times 人工单位收费标准$$

当然，由于参与审计项目的人员级别、单位成本以及参与的时间长短都不一样，所以一般都会在报价之前做一个成本测算，以我在做"小朋友"时期的成本逻辑举例：一名审计助理（A1）的收费标准大约为每小时160元，按照这个金额匡算到全月成本的话大概是25 600元（按照每月167个工作小时计），远远高于"四大"向这位"小朋友"支付的工资和社保成本（每月为8 000元左右）。这个差额主要是考虑到以下这些成本的分摊：

（1）办公室租金和投资成本的分摊（"四大"办公室一般都会在最顶级的写字楼）。

（2）公司统一安排的培训成本分摊（上一章有提到）。

（3）有项目安排的情况下，员工的工资成本。

（4）包括审计人员电脑配备在内的日常运营成本。

而预估的审计工时，一般在报价的时候留一些余地，并在执行层面给一些压力，简单来说，假如项目工时预估为100个小时，可能我会按照120个小时来给客户报价，并按照90个小时来做计划，这里面也会综合分布包括合伙人、经理、组长、审计师、助理等各职级对应的时间。

当然，客户也不是"冤大头"，肯定会基于你的报价进行讨价还价，而争论的点大致无外乎以下几点：

（1）工时高估。因为我们整体业态可能没有你们想象的那么复杂，所以你报给我的工时可能存在高估的情况。

（2）人工收费标准不合理。你们给的收费标准过高了，一方面我们知道你们不可能给对应级别的审计人员支付那么高的工资；另一方面，虽然我们很认可"四大"的专业与品牌，但让我们来承担你们的日常运营成本并不太合适。

（3）长期合作。由于审计项目不可能只合作一年，且我们已经给到未来几年大概的发展计划，所以能否按照三年的审计费用统一进行报价，并基于长期合作的考量考虑相应的优惠。

（4）第二年优惠。今年是第二年审计，很多事项第一年都已经确认，今年审计的难度相对小一些，按去年的方案进行报价并不合理。

面对客户的挑战，作为报价的负责人，审计经理自然也需要"有所反映"，以下这些也是比较常见的讨论点：

（1）法律法规。因为一些新的法律法规，我们需要增加新的审计程序，并且由于涉及一些海外法规和国际会计准则的内容，需要海外所的一些支持，因此需要更多的时间。

（2）业务发展。贵司业务发展速度较快，规模扩大了，并出现了新的业态，而且近期还更新了系统，所以我们的工作量也大了。

（3）通货膨胀。我们已经好几年没有对于人工成本进行调整了，员工每年都是要调薪的，所以我们合理的涨幅也是有必要的。

（4）时间紧张。由于你们要求的时间比较紧迫，所以我们在项目上可能需要投入更多的人来赶进度，因此人工时安排得多了一些。

上述这些就是关于审计费"讨价还价"的一些逻辑，一般来说，"四大"会有一个值来测算项目的盈利能力，公式如下：

$$项目回收率（折扣率）= 审计费 \div （实际工时 \times 人工收费标准）$$

在我的印象中，一般上面这个项目回收率在测算阶段低于 50%，就代表这个项目可能盈利性并不是太好，如果低于 30%，可能就会亏钱。当然，基于公司的战略布局和规划，现实中也会有一些项目哪怕亏钱也要做，不过大部分项目应该都能维系在 50% 以上的回收率。

审计行业术语导读

每个行业都有自己的行业术语，所以我在这里也特别将审计行业，尤其是在"四大"中常用的一些术语，通过名词解释的方式，来帮助大家了解一下审计师的日常工作。

1.OT

OT（Over Time）俗称加班，根据《中华人民共和国劳动法》，每个月工作时间不得超过 36 小时，工作日加班每小时按 1.5 倍的工资计算，双休日按 2 倍或折算为休假，法定假日按 3 倍工资计算。因为那个年代项目预算都比较宽松，所以"四大"基本都是按实际情况给工资，少部分甚至按超过实际加班的小时数给工资。在我的记忆中，忙季的加班工资往往会占到基本工资收入的50%以上。

2.In Charge、IC、AIC、饮茶机

In Charge、IC、AIC、饮茶机都是指审计小组长，负责现场带队、分配工作、报告撰写、客户沟通和初步工作底稿的复核，一般根据项目大小和负责程度安排第三年到第五年的审计人员担任。"小朋友"要不要加班很大程度上要由审计小组长来决定。

3.出Q、清Q

Q来自英文单词Query（询问），针对你做出来的底稿，审计小组长和经理会提出他们的问题，或额外的审计工作要求，通过对话框或提示框的方式呈现在工作底稿上，这个过程叫"出Q"；审计人员在回答了问题或完成了要求，然后关闭回复对话框的过程叫"清Q"。

4.抽样、放飞机、打飞机

为了能够证明财务报表数字的真实有效，需要对构成财务报表数字的财务凭证进行测试，一般来说根据数字的大小会有一个固定和浮动的比例，审计小组长会计算出来给到"小朋友"，然后"小朋友"会在凭证间里默默耕耘。由于2002年的安然事件，"四大"对安达信的兔死狐悲促使了大家对审计程序的强化，其中一个重点就是增加了审计抽样的力度。

而在实际抽样过程中，往往会出现时间太紧，同时由于审计现场工作期间往往是冬季，而大部分凭证间都没暖气等原因，个别"小朋友"可能会选择编造一部分样本出来交差，此为"放飞机"。"放飞机"属于触碰了道德底线的诚信操守问题，是"四大"深恶痛绝的行为，合伙人们甚至都不惜花血本成立"打飞机"小队，用历史上某位足球界大人物的话来说，一旦发现，一定杀无赦，斩立决。

总之，菜鸟时代就是在一片忙碌中糊里糊涂地结束了，回想起来貌似一片空白，却似乎又经历了许多，我现在许多做事情的习惯基本都是在当时养成的，让我知道在挑战和压力下应该如何做正确的事。

二、"四大"的二年级：审计助理（A2）

随着忙季的结束，A 公司为了犒劳大家，特地在 2006 年的 6 月组织了一次团建旅行，与后面几年动辄出国开年会上热搜的公司相比，"四大"在当时也只是小打小闹去一些小地方而已。不过这次旅行对我们这些新人来说意义还是很大的，因为这代表着你在"四大"的菜鸟时代结束了，而绝大部分人在旅行结束后会进入传说中的"四大"二年级，从审计助理（A1）晋升为审计助理（A2）。

与传统认知中的升职相比，这次升职的标准还是非常"低"的，原则上不出现类似"放飞机"的道德诚信问题，或在项目上与审计小组长或经理吵架翻脸等工作态度问题，一般都能正常升职。

升职后的工资从原来的 5 500 元涨到了 6 800 元，尽管所有人都知道工资涨幅，但第一次知道自己在一年内被加薪超过 20%，还是颇为高兴。

两个没有正常升职的个案

虽然升职的标准不高，但总有特例，这里就整理两个当年没有正常从 A1 升到 A2 的例子介绍给大家。

A 当时算是带着光环来参加入职培训的，首先他是国内一所一流大学毕业的硕士生，硕士期间通过了特许会计师（ACCA）和注册会计师的所有考试，还在国内一家挺大的内资事务所中实习过，据说当时同时拿到了"四大"中三家的录用通知书。而我们还在上 CPA 课程的时候，人家已经开始正式上班了，但就在一切都看似非常美好的时候，我们却听说他因为工作态度问题同时被两个经理投诉，结果就没有顺利升职，而是在第二年继续当他的 A1。后来我们八卦了一下才知道，原来他对于现有的审计程序有自己不同的看法，经理表示不接受，一来二去就吵了起来，后来据说整个团队都在加班就他一个人回去了，然后就没有然后了……关于这件事，我觉得用当时入职培训时一个经理说过的一段话来解释特别合适，他当时说："我们虽然叫事务所，但说到底也是一个公司，你们每一个人都是团队成员，在初级阶段，对于团队成员的要求就是强大的执行力和学习能力，至于个性，从长远来看对职业发展是非常重要的，但如果你能够在前面几年学得内敛一些，到了几年后再展现出来可能效果会更好。"

Y也算是入职培训阶段的光环加持者，也是名校毕业，长得高高大大，一表人才。由于后来工作中基本没有太多的交集，听到关于他的消息是在大家第一年的职位薪资调整完成后，听说他去了"四大"中的另外一家。当时大家觉得很奇怪，因为高级审计师或经理因为职业发展或工作压力跳槽去其他事务所是很正常的，但A2跳槽去另一家做A2是很奇怪的，再往后从一位了解内情的同事这里得知，原来他并没有在第一年结束后获得升职，原因就是我上面说的"放飞机"被击落了。当然，此事在当年也没有对外对内公开宣扬，便在低调中处理了。

成为A2之后的几个变化

言归正传，既然已经升职为A2了，工资更高，也意味着压力和责任就会变得更重，除了被要求在一些大项目中承担一些更为复杂的审计任务外，有时还会被要求带着A1"小朋友"去做一些小项目。

不得不说，过去一年吃的萝卜干饭在此刻发挥出了效果，通过大量的抽样和复印工作，让我彻底厘清了分录、凭证、附件、报表之间的关系，也渐渐开始摸到了对审计和会计风险进行认定的门道。由于这里有不少会计和财务专业话题，所以我也不打算做太多延展，此处只总结一下成为A2后的几个较明显的变化。

1.说走就走的旅行越来越多

这里面印象最为深刻的是2006年夏天的新疆之行了，这是一个临时安排的项目，审计小组长是香港人，普通话不太标准，所以他通过电话刚跟我说的时候我听错以为是"莘庄"（上海市闵行区的一个街道名），随后我很自然回答道："那我可以打车过去吗？"（有些客户会介意打车成本太高）他停顿了几秒钟（估计是有点懵圈），估计也是猜到我理解错了，连忙说："我们是要去乌鲁木齐，你还是订机票吧！"

"乌鲁木齐，下周一"，这七个字此刻出现在我的脑海里，此刻的表情跟至尊宝说出"盘丝洞，五百年前"几乎一样。两天后，坐了4个多小时的飞机，从上海飞往乌鲁木齐。客户是一家新的快速消费品公司，虽然非常配合，也很友善，但由于之前没有任何可以参照的底稿，一切从头开始。两周时间，在非常快的节奏下感受着不一样的客户风格，以及不同的风土人情。

不过，鉴于第一年已经修炼出来的"时间管理能力"，还是能在赶完工作进度的前提下，利用周末的闲暇时间去了当地一些比较知名的旅游景区，这也算是一种福利吧。

2. 直面财务经理的机会越来越多

前文有提过，在 A1 时期，由于处理的都是一些并不算负责的会计科目，所以一般都是跟一些出纳和会计打交道，面对的也都是一些非黑即白的问题。但到了 A2 时期，由于所负责的审计内容和具体业务流程相关度更高，比如应收账款账期和坏账政策，预提费用的口径与待摊期间的划分等，则需要与更高层级的财务人员沟通和了解业务的细节内容。

当然，如果只是了解情况倒还好，但如果涉及一些通过审计发现需要进行会计调整抑或是差错变更的情况，就会比较复杂，毕竟这是要对方承认自己的会计处理出现了问题，并接受你的审计建议。下面简单列举几种调整方式：

（1）资产负债表重分类调整。顾名思义，就是将资产负债表上的项目进行重新分类，最常见的是把"应收账款"中的贷方余额调整到"预收账款"中，除了个别公司对于特殊几个财务指标有要求外，一般还是比较好沟通。毕竟这不触及公司向上级单位或税务机关所提交的利润和应纳税所得额的调整。

（2）利润表项目调整。这里一般涉及比较多的就是关于"收入确认"的认定问题。此外，关于一些费用的补提和预提，固定资产的折旧期间等也常常成为重点的讨论事项。毕竟这些项目都会影响到客户自身利润，甚至收入。而这些调整也往往会成为审计报告出具之前，大家讨论的焦点。

（3）调表不调账。所谓调表不调账，就是客户自己内部财务系统不进行调整，但出于对外报告标准要求，仅在报表层面接受审计师的建议进行调整，并保持一致。其实这种做法更多是一种事务所和客户之间的妥协，而且对于新一年审计又会增加额外的复核工作量，但在当时来看，也是比较常见的现象。

当然，能够多与一些财务经理交流，对个人的成长也非常有利，毕竟和财务经理在一起交流的话题和内容，与出纳和基层会计完全不一样，除了更有高度和深度外，也会启发我对于财务和业务的思考。

3. 关于财务和业务的思考越来越多

在 A1 时代，虽然对于能快速熟悉业务，更强的时间管理和团队融入等都有一定的能力要求，其实更多还是对于工作本身，并不会去延展到对于行业乃至企业商业模式层面的考量。但很明显的一点就是，在 A2 时代，当面对一些报表数字变动、业务数据以及一些重要会计处理时，我会去思考为什么要这么做。

举个例子，当时 A 公司承接了一家全球最大的咖啡连锁企业在中国的审计业务，我作为他们第一任审计师开展现场工作时，发现他们在全国设立有五个分子公司，当时就觉得比较奇怪，这家咖啡连锁企业在中国门店不足 100 家，为何做这样的机构，但在与客户交流后才发现，原来对方希望以这五家分子公司所在城市作为基地，在中国快速扩展和开店，并匹配他们整体的战略布局。通过这件事情，我也渐渐理解了什么叫作战略第一、财务先行的道理。

三、关于考证的思考与选择

上一章曾讲到，为了准备注册会计师的考试，我在 2005 年倾注了大量的时间与精力，但最终折戟沉沙，一科都没有通过，虽然这个小小挫折并没有影响到我从 A1 升职到 A2，但"考不考证"和"怎么考证"已经是当下不得不去面对和思考的问题了，毕竟如果要继续在"四大"或 A 公司做下去，考不出注册会计师是不行的。所以，这一节就我本人对考证这一话题的思考做一个梳理，也希望对一众漫漫考证路上的财务小伙伴们有更多的借鉴意义。

各种财务证书和公会

对于做会计和审计的人来说，所谓考证，首选可能是中国的注册会计师（CPA），因为大家都知道中国注册会计师协会隶属于财政部，证书含金量最高；其次可能会选择中级会计师的考试，相对难度低一些，而且在企业工作不需要执业资格，所以一般认为中级会计职称就够用了。

当然，如果非要将会计上岗证也纳入考证范围内也是可以的。除了上述这两个在中国最为普及的会计师考试项目外，现在越来越多的人开始考一些海外的会计师资格，其中最有名的就是特许会计师（ACCA），当时还有人会参加加拿大注册会计师（CGA）和澳大利亚注册会计师（CPA Australia），如果没有记错的，ACCA 和 CGA 在上海财经大学都有对应的本科专业，读完本科基本上就能全部考完了。

说到这里，可能有人会问，为何你没有提到美国注册会计师（USCPA）呢？其实这个证书在中国不是很流行，不是因为含金量不够，而是因为他们在中国没有常设机构和考点，考生报名后最近也要去关岛才能考试。

上述这些都是由海外注册会计师执业资格的证书，然而绝大部分从事财务工作的人是不需要也不会从事注册会计师工作的，而更多是希望得到一些管理会计技能的提升，而管理会计在中国比较热门的有两个证书，一个是美国管理会计协会（IMA），另一个是英国皇家特许管理会计师公会（CIMA），后者与美国注册会计师协会（AICPA）联合创建了国际注册专业会计师公会（AICPA&CIMA），对注册会计师和管理会计师两大领域进行整合，在世界各地推广 CGMA 全球管理会计师认证。

除此之外，还有一个针对审计的专业资格，是由国际内部审计师协会（IIA）颁发的，叫作国际注册内部审计师（CIA），一般专注于企业内控与风控，内审工作的从业人员都会去考。

除了上述这些证书外，大家也会在日常听到一些其他的会计师公会、机构能颁发证件，在这里还是要提醒一句，的确除了上述这些机构外，还有一些含金量较高的会计资格证书，但大部分打着"全球公认会计专业资格"的培训课程招牌的考试或多或少都有一些水分，至少没有他们自己宣传中说得那么高大上。

我的考证之路

下面来讲讲我本人在考证这件事情上的选择和经历吧，之前讲过我当初是真的很用心准备 CPA 的考试，但最终的结果是颗粒无收，遂决定彻底放弃。但作为一名财务专业的从业人员，没有专业资格肯定是不可能的，因此当时选择了 ACCA。比起 CPA，ACCA 的考证之路其实一点都不轻松，乍一看合计 14 门考试就让人感到头疼。但相对 CPA 而言，ACCA 将财务人员和考试类型划分为不同阶段，对于一些初级阶段的考试，可以通过提供你在大学期间的课程学习来申请豁免（当然考试费还是要付的），而这个豁免机会可以说是我当时选择这个考试的一个重要原因，而另一个重要原因是我觉得自己在英语上还算有一些优势，所以觉得自己还是有希望通过的。

免试申请是在 2005 年底提交的，2006 年初就得到了还算不错的评估结果，14 门考试获取了 5 门免试。在接下来的一年里，我开始了 ACCA 之旅，除了自学之外，还在外面报了学习班，随即便开始了工作日上班，双休日读书的超级自虐模式。终于，勤奋、努力和付出带来了我所希望看到的回报，2006 年报名的 4 门考试全部通过了。

虽然还有 5 门考试才能最终功德圆满，但这样的结果还是让我鼓起了继续下去的勇气，当时我曾憧憬着能够在未来的一年内考完所有的考试。然而"计划赶不上变化"，再次成为一个萦绕不去的魔咒，由于后续换工作等种种原因，让我无法平衡好工作和学习的时间，以至于 ACCA 的考试并未按照原先的计划延续下去，而最后则不得不放弃。

最终让我实现考证这一目标是在 2011 年了，但并不是 CPA 和 ACCA，而是和我当时工作契合度更高的国际注册内部审计师（CIA）。一则当时工作相对不是很忙碌，二则也到了必须要拿一个证的年纪了，最终在两年的努力下，才完成了 CIA 的全部 4 门考试。多年以后回想起来，虽然我的考证之路的确是一波三折，但这又何尝不是一种心智的锻炼和成长呢？

总之，从事财务这个工作，考虑到长远的职业发展。在 30 岁之前有个认可度比较高的专业资格证书还是很有必要的。从个人的学习和考试能力上讲，肯定是越早拿越好，不过选择什么证书，可能还是要结合自己的情况，以及考试的难易度进行综合评估。

四、复盘与总结

辩证地面对钱的诱惑

由于在考证这件事情上的受挫，导致我在这一年认真地思考是否要继续在"四大"延续我职业生涯的问题，虽然现在"四大"可能已经不是那么"吃香"，但当时这个问题的确是让我思考了很久，其核心还是来自钱的诱惑。

其实这个问题对于当时的"四大人"来说都是普遍需要面对的，毕竟收入放在哪里，且房价也不算太高的年代，如果你是单身，恭喜你，它的薪水足以让你过上体面的生活。

但是，这看似非常美好的一切都基于一个条件，就是经济能够持续保持高位增长，或者资本市场的泡沫永远不破，显然这两个都是伪命题，但在当时的环境下，能够意识到这一点的人并不多，但我却意识到了。冥冥中似乎要感谢 2005 年考注册会计师没有顺利通过所带来的自我反思，因为如果当时真的很顺利地通过了注册会计师的考试，谁知道我会不会成为 2008—2009 年那波资本"大逃杀"中的牺牲品呢？

首次接触"猎头"

当然，离开"四大"并不是一夜之间就会发生的事，萌生这个想法是在 2006 年底，起因是我知道了世界上还有一个叫作"猎头"的行业，而且这是一个在未来 10 年持续影响和改变我的行业。今时今日，我已经记不起第一个猎头电话是谁打来的，或者说了些什么，只记得从他们那里你有机会去了解外面的世界，知道企业对人才的需求，从而你可以知道自己努力或改变的方向。

"我是否应该跳槽？"如果把这个问题丢给某些职场导师，或者当面对一些职场新人的咨询时，我相信得到的回复多半是："首先你有没有想过自己未来想要成为什么样的人？"其实在我看来，这是一句很无厘头的话，因为简单的一个跳槽背后可以有很多种原因，可以是一时冲动，可以是利益驱动，可以是身体原因，可以是家庭压力，但基本上很少人会去把 10 年乃至 20 年后的职业规划跟工作 2 年后的跳槽联系在一起。

而显然我当时也没有如此远大的志向，同时猎头为了赚钱，也会费尽心机地把你尽快脱手。不过猎头会在向外推销你的同时，尽可能去了解新任雇主的需求和想法，并将这些信息分享给你，如果你多接触几个猎头，那所获得的信息就会越来越多，尽管此刻可能还是没有想到太多未来的规划和发展，但至少潜移默化中会想把自己变成很多公司都需要的人。

"四大" A 公司，一辈子的标签

2006 年是在"四大" A 公司的第二年，而在不久的将来，我也将离开曾经工作了两年多的"四大" A 公司，的确也需要对"四大"这两年来的经历做一个总结，在这里我想拿我最后一天与 A 公司人事的离职面谈，来总结一下这两年最大的收获。

A 公司人事："你觉得在这里工作对于将来职业发展最重要的是什么？"

我的回答："这个公司的名字会是我一辈子的标签，我会一生感恩曾经拥有这段工作经历。"

如果说要把"感恩"和"在 A 公司期间的收获"联系起来，可以谈的有很多，除了非常成体系和丰富的学习资源、财务知识和审计经验的积累外，包括项目与时间管理，客户沟通与跨部门协同等能力都有很大的提升。但从职场助力的视角出发，A 公司的标签的确对我帮助最大。对于很多人来说，A 公司的名字就代表了"专业"，同时前后和同期入职的小伙伴也成为非常可靠的社会资源。

尽管对走和留的对与错曾经有过许多思考，但许多年以后才发现，其实走还是留本身根本没有对错，关键在于你能从一段工作经历中收获些什么，收获了多少。当然既然决定离开 A 公司，自然不可能再去另一家"四大"，而是把求职的目标锁定在了企业的内部岗位上，关于下一份工作，以及离开"四大"之后的第一份工作经历，就留到下一章来诉说吧。

2006 年底，26 岁，月薪 6 800 元的"四大"初审计师

第四章

（2007—2008）更真实的职场——从"基础"跨越到"专业"

人物关系：

◆ K 老板——主角在 B 公司的直接主管，新加坡人，第一个真正意义上的"职场老板"。

一、除了钱，还有更重要的考量

换工作对于有些人来说一直是很纠结的一件事，因为这可能是一件"机会成本"和"风险"极高的事情，但在我看来，只要在决定之前做好两件事，就能把"成本"和"风险"降到最低，那就是"比一比"和"想一想"。

比一比

在 A 公司完成了"四大"的第二个忙季之后，根据惯例，在 2007 年的 7 月从审计助理（A2）升职为高级审计师。不过 A 公司高级审计师的身份维持了不到两周，我就入职到了一家外资连锁餐饮企业，后续就称之为 B 公司吧，职位是资深内部审计师，为了方便大家理解，我把两家公司对应岗位和薪资待遇列出来供大家参考对比一下，见下表。

对应岗位与薪资待遇对比表

公司	"四大"A 公司	外资餐饮 B 公司
职位	高级审计师	资深内部审计师
月薪（税前）	11 000 元	11 200 元
加班费	有	无
奖金	13 薪	2 个月目标年终奖
福利	证书考试，福利假期	工作满几年有 20 万元额度的免息贷款
升职加薪	升职 +20%~30% 加薪	8% 调薪

有的朋友看到了可能会说，工资没怎么加，加班费也没了，加薪也少了，

增加了毫无意义的福利，跳槽的意义是什么呢？

想一想

确实，除了单纯地"个人薪资待遇"上进行对比外，在工作的选择上其实需要跳出眼前的"数字"，更深入地想一下。单纯从数字上看，B公司的岗位就整体收入而言，非但没有增加反而还减少了，所以一定有除了钱以外更重要的考量，下面我列了些选择B公司的考量点供大家参考。

（1）虽然是外企，但在中国适应极好，发展速度也极为迅猛。

（2）这份工作跟传统意义上的审计和会计有关，但更偏重业务和运营。

（3）在面试过程中与K老板的沟通非常投机。

其实，在那个年代，对于决定离开"四大"的人来说，大部分都要面临着薪资下降的现实，而B公司没有下降反而略增已经是一个不错的选择。此外，由于背景和经历相近，所以"四大"的人际关系相对还是比较简单的，也是一个类似职场象牙塔一般的存在。而所谓更真实的职场，则要从B公司经历本身说起。

二、各种新鲜感和不同

新的岗位——资产保护部资深内部审计师

关于B公司这家外资的餐饮连锁企业，从规模上来说，应该说从当时直到现在都是全国范围内最大的且没有之一的存在，就算不点名想必大家也不难猜出其名字。

我入职时的职位是资深内部审计师，隶属于一个叫资产保护部的部门，说到具体工作，主要就是到全国各地的门店进行审计（或者说叫稽核），关注门店在营运层面的内部控制和管理是否存在漏洞和风险。由于这个部门英文名字叫资产保护（Assets Protection），所以我们的审计工作一般也会被门店同仁们戏称为"打AP"。

说到规模，在2007年的时候，B公司所运营的各品牌门店数量相加已经超过了 2 000 家，员工人数超过 80 000 人，当时这家公司在中国已经把门店开到了除西藏以外所有省、市、自治区。

由于要到不同的门店"打 AP"，所以自然要到全国各地出差。虽然我并不是一个旅游爱好者，但内心依然十分认可"读万卷书不如行万里路"的道理。所以选择 B 公司的工作机会，很大一部分原因就是冲着能够到全国各地出差这个所谓的"福利"去的。

在尝试这个职位之前，我曾经咨询过一位在同行业工作的朋友，了解这个职位的发展前景，得到的回复是："工资没有太大的涨幅，而且看起来很辛苦，要到处跑，更何况做的事情好像太具体，不是真正财务报表层面的审计，也不涉及任何萨班斯法案方面的内控审计和风控工作，所以感觉没有太大的前途。"其实从他的角度来看没有错，毕竟做得越下沉意味着离战略层越来越远，某种程度上讲发展会受到一定的限制。不过当时我有不同的看法，毕竟只有深入一线才能了解到业务的本质，而财务如果脱离了一线基本就跟闭门造车差不多，所以我依然认为这是一个能学到东西和收获成长的岗位。

事实证明我当时的判断是正确的，因为市场上熟悉萨班斯法案流程，会做财务审计的专业人士其实还是比较多的，但真正了解企业基层营运，知道每一块钱的收入如何产生，了解每一块钱的支出又去向何处的财务人员却并不多见。

新的老板——来自基层，严谨认真的新加坡人

这个职位的直接主管 K 老板，即外企所俗称的 Line Manager，是新加坡人，在中国生活工作了很多年，虽然现在已经是 B 公司高管，但也是从餐厅基层一步步做起来的，他对于营运层面的内控和舞弊防治非常有经验，但财务方面的背景却不是很强。

在去面试之前，猎头就提前跟我打招呼，说他的风格比较严谨和严肃，从候选人的选择偏好来看，比较倾向于聪明地工作和快速地学习的类型。鉴于之前的经验，猎头的建议还是要认真对待的，所以去之前也朝着这个方向去准备了一下。

面试流程总体还算比较顺利，由于我之前参与过一家超大型外资咖啡连锁的审计工作，所以基本上也算有一些业务视角的切入点，当然由于缺乏一线门店运营经验，所以在这方面只能更多地强调自己的学习意愿，以及能够快速适应新环境的能力。在这里印象比较深刻的是下面两个问题：

问题一：关于学习意愿和适应能力。

K老板："我们公司的工作节奏大概是，一个月大概三个礼拜出差，每周的周一出差，周五回来，你可以吗？"

我："这个出差节奏虽然比较艰苦一些，但如果能对快速适应工作，以及深入了解一线业务有帮助，我觉得在前面一到两年是没问题的。"

应该说这样的回答对于应聘一个初级岗位的人来说还是比较适合的，既委婉表示这样出差强度有点大，但也表达出了个人的学习热情，同时也体现了在B公司长远发展的意愿。

问题二：标准和道德的选择（电车难题）。

K老板："如果你是一辆正在行驶中的电车司机，路口有几个小孩子在闯红灯，刹车已经来不及了，而急转弯又会撞上一个正常过马路的老太太，你怎么办？"

我："当下让我决定的话，我想我还是会转弯的，并选择造成伤害最小的方式，但真正面对这样的抉择，可能还是要根据实际情况来看。"

虽然当时的我并没有听过什么"电车难题"，但基于猎头说的"K老板喜欢会聪明工作的人"，我觉得他可能并不喜欢一味套用政策和标准的候选人，所以就选择了符合自己的价值观的回答。

和K老板的面试结束后没多久就等来了B公司的录用通知书。一个月后入职，很快也和整个团队的同事结识了，当时整个部门大概有6~7个人，除了我以外，大部分都是从餐厅基层一点点做起来的，也有个别人来自会计师事务所，而我这样"四大"背景的在团队中算是一个异类了，我想这也可能是能比较顺利拿到录用通知书的原因之一吧。

新的公司——规模最大，且增速最快的外资餐饮连锁

最后再具体说下 B 公司的情况，虽然当时 B 公司体量已经十分巨大，但仍以极其惊人的速度成长着，这也让我有了对未来进一步的憧憬。凭借着自己的教育背景加上"四大"工作经验的优势，肯定是更有机会从现有团队中脱颖而出的。当然，一切的基础必须是业务上要有拿得出手的东西。

关于发展速度，当时 B 公司差不多以每年的餐厅门店数都是 20% 以上的数量在增长。其实这也是连锁企业的经营诀窍，当你确认了一个良好盈利能力的商业模式，就应该在最短的时间内快速实现供应链和运营服务的标准化，并配合着中国城市化进程与基建的节奏，将其快速复制粘贴在神州大地的每一个角落，而中国庞大的市场体量和人口基数也给予了未来进一步发展的想象空间。同时，在预判到增速即将放缓时开放加盟，一方面通过加盟商收回前期固定资产投资，另一方面获取稳定和持续性的加盟管理费收益。

当然，现在说这个话其实颇有一些事后诸葛亮的味道，因为在当时包括我自己在内，基本上都只想到了前半部分，只是单纯地相信 B 公司可以无限制地扩张下去，从未想过有朝一日会开始走下坡路。

就这样，从"四大" A 公司"毕业"的我，在 2007 年 7 月开启了全新的职场之路，也就是我说所谓进入了真正的"职场"。

三、强大的企业文化

特色的入职培训——当一名餐厅普通员工

B 公司的入职培训还是非常有特色的，正式入职这家公司的第一天，收到了一个印有"美好人生就此开始"的大信封，里面装着各种介绍资料，随后没多久就收到了来自人力资源部的通知，要求在未来的一周内到餐厅门店参与一线的营运培训。说实话接到通知当时的心情还是挺好奇了，因为虽然自己曾经在这些门店消费过很多次，但从来没有进入过厨房，门店的同事们称为"内场"，也从来没有从一个一线员工的角度去思考过对于这份工作的体验，就是在这种好奇心的驱使下，开始了自己的门店培训之旅。

由于人力资源部的同事没有事先向门店告知被带训人员的具体信息，所以当我到门店实习的时候，基本上就是被当成一名普通员工来对待的，这个"普通"指的就是字面意义上的普通员工，门店就是把你当成一位新入职的"餐厅伙伴"，所以这也给我一个机会能够更直观地感受一线的情况。当时带训我的是一名比较资深的门店员工，是一个 30 岁上下的四川籍小哥，但已经在上海生活打拼了很多年，他说他除了这里的工作外，在外面还有两份兼职，家人都留在四川老家，一年大概见一次面，在上海打工七七八八加在一起一个月能够有 3 000 元~4 000 元，基本上会寄一半回家。

从他的话语中其实还是感受到了很多正面积极的东西，至少从某种程度上改变了我对外来打工者的认知。出于各种原因，我没有对他分享太多的个人信息，只是说我是公司的一个小职员（也基本上属实），过来门店锻炼学习而已。伴随着简单的自我介绍，这个训练员就向我介绍起了门店各个操作站的工作流程。

由于我几乎什么都不懂，他也不敢安排什么复杂的工作给我，所以一开始主要工作就是拖地板和擦桌子。门店营运是很辛苦的工作，节奏也很快，顾客不满意还要引起冲突和纠纷（受气）。相对来说我的工作算是很轻松了。但其实地板也没有拖太久，因为门店经理可能感觉出我的身份属于他们认知中的"公司领导"，担心万一我去炸薯条被烫伤比较尴尬，所以就让我不要做这些了，还说你在旁边看看就行了，不用太辛苦。

由于无法参与太多的一线工作，所以我在门店期间就花了更多时间去阅读各种"工作手册"，也就是在这样一个过程中，我惊奇地发现 B 公司居然可以把每一个岗位的每一个业务动作都写得非常具体和清楚，而且大家在日常沟通中对于这些手册中的"术语"和"流程"都基本做到了脱口而出，言行一致的程度。也就是通过这一点，我渐渐找到了 B 公司在如此短的时间内得以快速发展的诀窍。

对于"标准化"的执着，强大的执行力

B 公司一线架构都是以餐厅为主，一家餐厅最高级别的职位称之为"店长"，也叫作"餐厅经理"，餐厅经理下面分为管理组和服务组。管理组和服务组的最大差异就是着装，同时管理组顾名思义也承担着部分餐厅的管理职能，也就是"值班经理"这样一个岗位，协助餐厅经理完成日常门店管理工作，同时也会分担部分结账、报表、盘库、订货的工作。服务组就主要是负责包括内场、外场、柜台、后厨、仓库等各方面的工作，当然服务组也是有级别差异的，之前提到带训我的那个四川籍小哥就是比较资深的服务组员工。

作为连锁餐饮企业的普遍特点，B公司的员工也总体呈现了年龄和学历"双低"，流动性和人员数量"双高"的情况，所以必须要通过更为"强硬"的标准化管理来维持企业的执行力，以实现业务能在有序的节奏中快速扩张这样一个目标。由于门店的快速扩张，也给一线运营人员更多的个人成长和发展机会，这些基于"类军事化"管理培养出来的"标准化"一线管理人才，又可以快速帮助B公司复制出一批新的"标准化"人才，如此周而复始，就形成了一个快速增长的闭环。

当然，这种"类军事化"的管理也会造成内部比较重的等级观念，在有些时候会偏重于基本上"上级说的话都是对的"的长官式文化，虽然看上去非常不近人情，甚至非常刻板，但从业务角度出发，却也体现出这家公司强大的执行力和组织纪律性，这一点从后面几次危机处理过程中得以体现。

而在这短短的一周内，我所看到和所经历的一切却在不断冲击自己的三观，感受到了一家企业如何从自己的底层来构建整个体系，如何将企业文化灌输进自己的每一个细胞之中。经过了这一周，也算是真正认识到什么叫作强大的企业文化。因为在整个体系中，虽然有很多不同的层级，但每个人的想法和认知却基本上没有什么不同。

四、在"行万里路"中成长

对年轻人来说，吃苦就是成长

完成入职培训后没有多久，就被安排了第一个出差项目，任务是在一周内跑满包括盐城、南通、宿迁在内的三个城市。需要特别备注一下的是，那是一个没有高铁和动车的年代，所以我需要在清晨六点从火车站附近的长途汽车站上车。第一站是从上海去盐城，具体发车时间我已经记不清了，大致时间依稀记得是在连续播完两部电影后，还有差不多一个小时的车程。到盐城完成一家店的稽核任务以后，立即赶去长途汽车站坐车去宿迁，等抵达酒店已经差不多晚上十点了。

而这一切只是一个开始，因为在宿迁忙一天以后还要赶去南通，随后再从南通回上海，全程都是长途汽车，有几段还是没有空调的那种，总算也是体验过21世纪初苏北段长途汽车的乘坐环境。由于周一上午五点出门，周五晚上八点到家，因为交通不便，所以吃饭也没个准点，直到现在都不忍去回想那段经历。

当然，如果用一种正面积极的心态去看的话，那好处就是增加了一种不一样的人生体验，记得很多年后有一次，当一个销售经理在跟我抱怨说出差很辛苦的时候，我可以淡定地诉说当年的情景，你经历过的我都经历过，年轻人吃点苦没什么。

出差中的吃住行与意外收获

关于出差期间的吃饭问题，还是挺有意思的，在频繁出差的这段日子里，能吃遍天南海北的各种特色美食也算是一种福利，B 公司的出差用餐标准是早中晚按照 30 元、60 元、90 元进行实报实销的，一天合计 180 元。虽然餐标是可以随着级别的提升而提升的，但其实 180 元也不算少。

唯一比较麻烦的就是在行程中的不确定性，比如飞机误点、大巴车晚点、工作时间延长等，如果不注意可能会导致慢性肠胃疾病，另外虽然工作场景都是在餐厅，且餐厅也是全时段服务，但由于 B 公司的产品以油炸食品为主，并不是特别健康，所以经常在 B 公司餐厅吃饭对个人健康并不太好。所以这也是那时候培养起的一个习惯：就是早饭一定要吃饱，早饭一定要补充足够的蛋白质（肉蛋奶），以便于做好一天的消耗储备；午餐尽可能晚点吃，避免高糖、高热量的食品摄入；晚餐早点吃，也可以和午餐合并，清淡和健康为主。上述这个习惯从那时起就一直保持着，其实对于经常出差的朋友，这也是一种较好的用餐方法。

关于住宿，当时我出差住宿的标准是 3 星级的酒店，但可能是 B 公司当时还是比较有钱，而且考虑到出差比较辛苦的情况下，老板默认我们可以在500 元 / 天以内的预算进行随意调整。

由于很多需要出差的城市公司并没有协议酒店，所以基本上都是许可自己在为数不多的预订网站，比如携程来预订酒店，而且当年像携程这类的在线差旅预订平台（OTA 平台）是不需要预付费就能预订的，所以也非常灵活和方便，同时作为长期出差的我来说，也能趁着这个机会在携程上刷一些积分。当然在恰逢广交会、成都糖酒会和北京奥运会期间，当地价格就会很高，这就需要事先进行好规划。

关于出行，在 B 公司工作期间，基本上遇到过各种交通出行所遇到的情况，首先是交通工具复杂度，除了常见的几种，比如飞机、长途汽车、火车（绿皮／动车）外，还有"黑车"（几个人拼车从 A 城市到 B 城市，主要存在于南方某些城市之间的交通），直线飞机（当时记得坐过一次从成都飞往重庆的飞机，3 排座位，整个过程颇为颠簸），轮渡（存在于青岛、厦门这种外岛相对比较多的城市）。对比现在，当时的条件也算得上艰苦了，长途汽车和绿皮火车就不说了，赶上春运期间那就是一种折磨。

这段时间应该是我自己在国内高频出差的阶段，除了进一步强化了自我时间管理的能力外，也帮助我对于企业员工费用报销，费用管控的整体流程有了一个比较全面和彻底的了解，比如员工的整个出差流程，需要发生费用的场景，前期的申请和后期的报销如何操作等一些细节都搞得一清二楚。当时也没什么感觉，也算是一个意外收获吧。

那一年的大雪，企业核心竞争力

就出行而言，自然不能忘记 2007 年底和 2008 年初的那一场大雪，那一年我正好在江西出差，由于当时 B 公司在全国都有门店，通过自己和外包的物流团队进行集中统一配送。当时我的行程是"南昌—景德镇—宜春—萍乡"，由于公路都被积雪堵塞了，除了南昌以外的餐厅都因储备不足而出现了断货，所以我在前往各餐厅稽核的同时也担任了"人肉货运"的工作，跟两个南昌的同事坐着绿皮火车，肩挑背扛着一包包"食材"一家家餐厅去送货。

其实当时我也有一些不解，既然断货，那就不卖或者停业好了，那年春运都停了，当地生意会好到哪里去呢？关店也许从成本角度来考虑会经济一些，但后来跟当地的一位经理聊的时候让我有了不一样的思考，他说："我们店在当地可能是唯一的外资品牌，在你们上海其实没啥，但在一个小城市可能就是一个解决十几万人吃饭和聚餐需求的重要场所之一，于私为了维护品牌形象，于公为了让城市的居民能在雪灾中感受到一丝温暖和安心，所以我们一定要让店能开下去！"说实话这样的表达的确让我被感动到了！一个企业的核心竞争力，果然不只是财务的数据！

五、稽核到底稽什么

部门架构与稽核内容

说到这个问题，我觉得还是先把公司的组织和运营架构大致说明一下比较好。每家门店有店经理，在单一门店之上，5 ~ 6 家门店有区经理，5 ~ 6 个区有区域经理，若干个区域之上有市场总经理，市场总经理之上是品牌总经理和集团总裁。

我所隶属的部门属于财务部和人力资源部双线领导，同时还接受海外总部职能部门的虚线领导，用 K 老板的话来说就是"我一共有三个老板。"由于业务的特殊性，所以集团把审计工作划分为"公司层"和"运营层"，前者有集团的内审团队负责，而后者则有我们部门负责，也就是审核具体餐厅运营过程中存在的风险和潜在的舞弊问题。

从稽核的内容来看，大致包括以下几个不同的模块，为方便大家理解，见下表。

稽核简表

稽核模块	稽核内容（部分）	分值权重
现金及现金等价物管理	• POS 机系统权限设定 • 前台 POS 机与后台电脑数据核对 • 营业款盘点与存款记录 • 备用金与零找金 • 班次交接记录	25
报表、发票与公章	• POS 机小票、系统报表记录一致 • 折扣金额复核、公司促销政策 • 报表存档、管理与销毁 • 发票开具、报关与交接 • 公章日常管理与使用	20

续上表

稽核模块	稽核内容（部分）	分值权重
固定资产管理	• 账实相符（现场盘点） • 信息完整（保留盘点记录） • 转移和报废记录完整	10
存货管理	• 每日盘点的准确性 • 损耗、转移和差额核对 • 开关店盘点记录 • 食品效期	20
人员管理	• 招募流程正确，档案妥善保存 • 排班、考勤、工时与工资信息一致 • 工资计算正确	15
安全与保全	• 安保系统，摄像头 • 门和锁具 • 用水系统滤芯及时更换 • 保险柜 • 下班安全（必须两人同时离店）	10

如上表所示，一家店的稽核结果会通过一张稽核表进行汇总（具体会更加复杂），每个稽核点会对应不同的分值，发现问题并坐实后会扣除对应的分值，最终结果如果在 85 分以下属于"需要改进"，或者可以被认为"不及格"，那之后餐厅经理和区经理就需要针对这些问题去提交改进计划，并被要求汇报改进状况。

应该说当时这套稽核体系还是比较偏手工的，虽然多年以后很多流程都开始数字化和自动化，但从逻辑和内容上看，B 公司这套方法依然是"业界标杆"，并陆续被各家同业所仿效。

正常情况与特殊情况

正常情况下，稽核一家店需要一天时间，所以我们一周一般会安排四家店，而这四家店的选择则基于一些运营数据对应的风险指标，比如收入同比、货物及人员成本率、现金短溢、成本差异等。去之前一天通知运营部门具体去哪家门店，稽核工作结束后会当场确认分值。

一些特殊情况下可能会发现一些舞弊问题，最常见的就是通过一些数据差异分析以及闭路电视监控系统（CCTV）的比对发现收银员偷钱，业内也称为"飞单"，一旦发现这种问题，就会涉及人员去留，甚至司法程序等问题了。

从某种程度看，这也是一家公司拥有强大执行力的体现，毕竟如此规模和体量，过于人性化也许会导致体系性的崩盘。

六、升职还是要靠"拼"

由于加入 B 公司已经是 2007 年的 7 月，所以在 12 月第一次绩效评估时，只能计算 6 个月的工作时间，所以在 2007 年底的那次加薪比例就很低，只加了 500 元，月薪差不多加到了 11 600 元。

通过这件事，我也理解了外企常说的 pro-rata 的概念，即在公司服务周期不满一年，年底调薪和计算年终奖金时，会进行等比例的折算。其实比例和金额对于一般的企业而言已经不算低了，而且自己心理也有了预期，但因为有之前"四大"A 公司的对比，还是有所失落的。

当然，有些事情不能完全用金钱来衡量，虽然没有加多少工资，但客观上还是觉得自己收获不少。整体的心态也非常正面积极，因为我看到了这家公司的快速发展，只要能够努力和坚持，就肯定会有晋升的机会，而机会就在 2008 年的上半年出现了。

史上最大的舞弊案

这次经历再次告诉我一个道理，那就是天上不会掉馅饼，世界上也没有免费的午餐。起因是 B 公司在上半年的某一个月发现了一家餐厅的舞弊事件，然后查出了系统存在的漏洞，即通过"热启动"后台电脑可以删除已经完成结账的点单，店长则通过删改后台和报表记录侵占了这部分收入的现金，并确保其侵占的金额和库存的差异不会那么明显。具体来说，就是通过删除一杯饮料，一份色拉，或其他一些容易过保质期的产品，并把这些已经删除的产品对应的收入据为己有。具当事人店长事后的交代，两年内累计侵占了超过 60 万元的营业款，而最终暴露却是区经理在一次临时检查过程中发现当天库存差异过大后盘问出来的结果。

由于金额过大，当事人店长肯定就在报案后被刑事拘留了。但这个事情却并未结束，上文提到，既然是系统的漏洞，那就不可能是只存在于一家店的个案，毕竟餐厅后台电脑虽然删除了记录，公司总部的数据库依然保留着，所以我所在的部门和 B 公司的技术部门，在经过了将近一个星期的前后台数据对比和分析工作，最后顺藤摸瓜暴露出一个金额很大、牵涉范围很广的餐厅门店营运层面舞弊事件，前后牵涉到超 过 100 家门店和数百名员工。

就是这样一个性质极其恶劣、金额特别巨大的案子发生，瞬间打破我原本按部就班的工作节奏，上述提到的数据比对和分析工作我基本上全程参与，并带着各种不情愿和忐忑感全程参与了后续的内部调查与法务鉴证 ① 的过程。但时过境迁，现在回想起来当时我能遇到这样的机会还是非常难得的。经历不一样，果然认知的维度和思考问题的角度也会不同！

内部调查的流程和内容

内部调查在很多人眼里属于非常神秘的一个事情，但其实也是基于一定的专业知识和标准流程去推进的。简单地说，流程如下图所示。

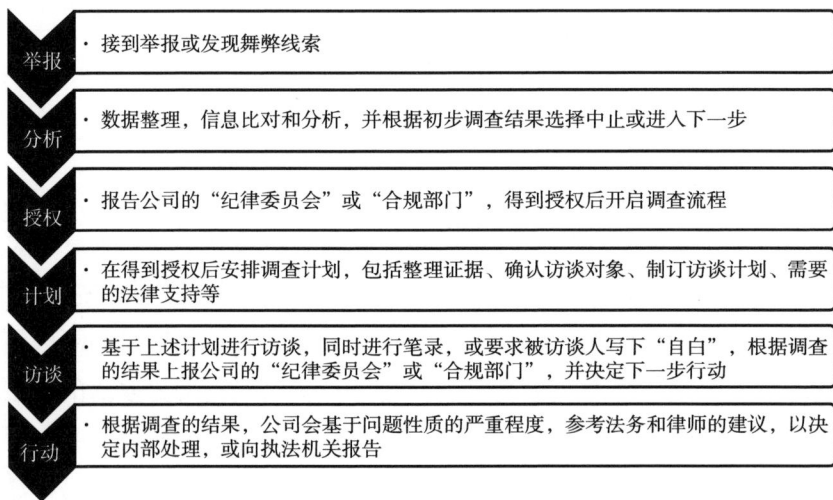

举报	· 接到举报或发现舞弊线索
分析	· 数据整理，信息比对和分析，并根据初步调查结果选择中止或进入下一步
授权	· 报告公司的"纪律委员会"或"合规部门"，得到授权后开启调查流程
计划	· 在得到授权后安排调查计划，包括整理证据、确认访谈对象、制订访谈计划、需要的法律支持等
访谈	· 基于上述计划进行访谈，同时进行笔录，或要求被访谈人写下"自白"，根据调查的结果上报公司的"纪律委员会"或"合规部门"，并决定下一步行动
行动	· 根据调查的结果，公司会基于问题性质的严重程度，参考法务和律师的建议，以决定内部处理，或向执法机关报告

内部调查流程

---

① 法务鉴证，英文叫 Forensic Auditing，也叫法务会计，即通过查验分析原始材料和账目数据来筛查假账，并能用易于被司法机关接受的形式保存做假证据、陈述做假事实，以达到提升账目管理水平、降低做假风险、固化违法犯罪事实、制裁违法犯罪行为的目的。它是一门涉及会计学、审计学、法学、法证据学、心理学和社会学等多学科的交叉学科。

其中工作量较大的是前期的数据整理和比对分析，虽然与在"四大"A公司的情况不能比，但差不多连续两周都每天做到晚上 10 点左右。等到这些工作都完成了，才是真正心累的工作，就是根据已经收集到的证据安排对"嫌疑对象"的面谈工作。

如何做法务鉴证

这里有几个点是在面谈工作开始之前需要重点关注的，也应该说整个法务鉴证过程中比较核心的点。

首先是通过什么方式来约对方进行面谈，企业内部调查不可能像纪检部门那样强势，更不可能像执法机关一样用强制手段，所以只能用一个"假理由"来缓释对方的戒心，比如"员工满意度调研"之类的理由也是常用的；其次就是证据的可靠性了，比如根据各种迹象判断对方有问题，但在没有掌握非常强有力的证据的情况下，如何突破对方的心理防线，承认自己的行为；再次又比如对方迫于压力承认侵占了公司的钱或有严重的舞弊行为，但又不希望公司报警或走司法程序而苦苦哀求，这个时候又该如何去处理和面对呢？

这其中有两个场景我到现在都无法忘记。

场景一：

被约谈人是一个长得高高帅帅的男孩子，面对一些并不是很直接的证据，他很坦然地承认了自己先后从公司窃取了小 10 万元的营业款，根据当时的既定流程，我们要求他现场写下自白书，并要求他明天过来由公司的律师陪着去公安经侦自首，按照他的涉案金额，可能进去就要被刑事拘留了。

第二天他的确去自首了，也被立案并拘留了，但一天后，他的女朋友和女朋友的哥哥就找上门来，说这些钱都是用在给他女朋友的父亲买进口的化疗针，他们愿意代他把钱还给公司。

当时的场景我到现在都忘不了，一个痛哭流涕，一个顿足捶胸，我自己其实在很大程度上被他们所感动了，却什么都做不了，只能耐心解释说："这是公司的要求，我们只是执行，无法改变，但会安排律师陪他一起去，并在最大程度上为他辩护，你们如果可以的话最好把钱尽快还给公司。这样也许可以在判决时有所减轻。"

当然最后的结果还是走到了公诉阶段，但由于认罪态度好，而且把钱都还给了公司，同时个人情况也得到法院同情，最终在允许保释的情况下判了缓刑，算是不幸中的万幸了。

场景二：

当时正在办公室和另一个人进行谈话，中途突然冲进来一个阿姨，痛哭流涕跪在地上说："我错了，我不该拿公司的钱，我把钱都还给你们，你们不要报警，我家里小孩还在上学……"

我不知道大家阅读到这一段的时候是否能够脑补出画面感，但当时我和另一个同事都被震惊到了。只能让她先站起来，请到隔壁谈话室，坐下来，倒杯水，让她慢慢说话。整件事给人感觉还是挺诡异的，这个阿姨虽然是门店的全职员工，但并没有被安排在本次面谈计划中，事后才知道原来是她的店长通过订单作假"搞钱"，让她望风，当然也有给她对应的"分润"。

后来店长通过我们的调查承认自己的问题，并被安排去自首了。不知道这个阿姨从哪里听来的，说她们这种属于团伙作案，不管最后个人分到多少钱，量刑的标准都是根据整个团伙作案的案值来算的。所以她就特别害怕被店长供出来，才有了刚才描述的那一出。

其实店长也算"义气"，所有的责任都由自己一个人扛下来了，并没有把她供出来，而且她也就前后从店长这里收到千元左右的好处，应当不构成职务侵占的立案标准，所以最后我们给出的处理方式就是让她写下自白书，并承诺把钱赔了出来，对个人进行了解聘处理，而没有进行其他的追究。

总之，尽管我之前说过，公司总部后台有数据备份，但前期的调查过程依然需要进行很多数据逻辑判定和不同数据库数据进行交叉比对的工作，尤其是要将业务逻辑与技术部门进行解释并落地为对应的数据呈现方案，并匹配合适的访谈计划，可以说，整个调查过程前半部分是在逻辑烧脑中度过的，后半部分则是心智的磨砺，在这个过程中看到了人性的光明和阴暗，看到了人在绝望中会如何自处，又亲身体验了人在心理防线被完全攻克前后的状态。

升职！助理经理

整个案子始于 2008 年的 4 月，差不多终于 8 月，就调查和处理方式而言，整个项目还是非常成功的，也得到 B 公司董事会和高管的认可。而 B 公司在那时也迎来了一个阶段性的绩效复核，我也很大程度上因为参与了这个案子的调查，并在此过程中证明了有能力应对全新挑战，并最终完成结果的交付而被 K 老板认可，在入职 B 公司一年后被提升为了助理经理。对于这个看似顺理成章又有些意料之外的结果，还是让我觉得十分欣慰的。毕竟加入一家新公司一年不到的时间，就能够升职，除了"四大"以外在其他地方都很难，当然作为本节的标题，这个机会也真的是靠自己拼出来的，再回到本节开篇，天下不会掉馅饼，有机会能拼出结果总比没机会去拼要强很多。

升职就会伴随着加薪，加薪虽然不是很多，不过比起同期还在"四大"工作的前同事们其实也差不了太多，这其实已经很不容易了，自 2008 年的 8 月起，我拿到了大约 14 500 元的月薪，合计年收入也超过了 20 万元。

七、复盘与总结

这一章的时间跨度比较大，内容也比较多，整个包含了我从"四大"A 公司跳槽到 B 公司后，掌握新技能，适应新环境，并在一系列挑战中最终获得升职和发展的经历。从结果上来看，这次跳槽还是比较成功的，所以我想在本章的最后就这段经历总结一些经验和心得给大家。

新工作的选择

除了比一比数字之外，还要想一想你个人的发展规划，以及公司目前的发展状况。对于仍在谋求个人发展的朋友们来说，公司是否出于一个快速发展的阶段是非常重要的考量因素。

虽然工资是一个非常重要的考量点，但在职场的基础阶段，钱永远不是最重要的东西。毕竟几千元的工资，就算加薪 30%，也不过多千元而已。个人价值的提升才是这个阶段的关键，B 公司的工作机会，能让我在一家快速成长的企业中深入接触一线业务，这在我看来就是对未来核心竞争力的提升。无论是否持续从事财务工作，这都是一件非常有价值的事。

业财融合与把握机会

在当时，"业财融合"并不是一个非常"流行"（通俗性强，认知度高）的概念，而对于财务价值的认知依然聚焦于报表、准则和合规层面。但由于之前的审计工作经验，帮助我早早建立了"财务数字是关于业务运营状况的真实反映"的认知，所以，即使是传统认知中作为支持性部门的财务，接触并深入一线，不是一道选择题，而是一个必选项。

所以在 B 公司的这段时间虽然脱离了常规的财务工作，却给我打开了一扇新的大门，大量的一线运营工作经验的积累也让我逐步形成了"基于业务视角入手"的思维方式，而这一点在未来的职业发展中对我帮助极大。

再来谈谈关于机会的把握，我个人的经历让我相信，机会的出现存在一定的偶然性，但能否抓住机会，很大程度上在于你愿意为此付出多少。从结果来看，我抓住了 2008 年舞弊案件这个"机会"，最终获得了升职，但如果没有文中所描述的努力和付出，做到"超越预期"的结果，可能这个"机会"就会转变成"风险"。

从"基础"到"专业"的跨越

之前曾经说到，作为一名职场的"基础级"员工，主要的任务是"学习"，而公司和主管对你的预期就是"按标准办事，按时完成不出错"，但"专业级"则要求你能独立承担一些较为复杂的工作，并同时给出一些专业判断。

对我个人而言，虽然加入 B 公司的职位是资深内部审计师，但入职初期还是在学习和成长的过程中，真正成为一位"专业人士"则是在我晋升为"助理经理"的那一刻，因为从那时候开始，我感觉基本上在工作中高效地将"专业知识"与"业务场景"相结合了。

危机始于志得意满

如何应对志得意满后的轻浮，往往是年轻人在职场道路上必经的一个坎。其实这种感觉我在 2008 年年底已经出现，但当时毕竟年轻，很多东西都是后来才渐渐意识到的。不过现实却是非常残酷，迄今为止最大的"职场危机"即将在不久后到来，关于这部分内容，我们就留到下一章节来讲述吧。

2008 年底，28 岁，月薪 14 500 元，年薪 20 万元，B 公司助理审计经理

第五章
（2009）云端坠落——挫折后的
自省与自新

关键人物：

◆ K 老板——主角入职时的直接主管，在 2009 年调任到其他部门。

◆ J 经理——K 老板调转新的部门后，主角在 B 公司资产保护部内审团队
的新任主管。

前文提到，由于 2008 年实现了升职加薪，以及"从基础到专业"的跨越，
各种顺风顺水导致整个人出现了一种"轻飘飘"的状态，而在不久的将来，
也就是 2009 年便遭遇到了人生中的首次"职场危机"，被迫离开当时发展非
常不错的 B 公司，具体时间发生在 2009 年的上半年。

先说结果吧，对于不满 30 岁的我来说，这段经历应该说既是不幸也是一
种幸运，所谓不幸就是当任何人在面对这样的变故时，都需要进行比较大的
自我调整，而幸运则是站在今时今日的视角去解读，的确这样的遭遇可以有
助于快速地建立起更为成熟的心智。当然任何事情都有内因和外因，而其中
内因则是由于之前的"轻飘飘"而形成的"我在面对组织结构变化时的自我
错误定位"所导致的。

一、错误的自我定位

组织架构中的定位

开始分享这个话题之前，我想先从个人视角来解读一下我所在的部门架
构。我所在 B 公司的资产保护部，整个部门有 12 个人，除部门助理和 K 老
板（总监）外，还有 1 个副总监、1 个审计经理（章节开始处提到的 J 经理）、
2 个助理经理、3 个资深审计师、3 个审计师。

副总监、审计经理和助理经理的工作都是直接向 K 老板汇报，也就是部
门总监，其他人则只向经理汇报。具体架构如下图所示。

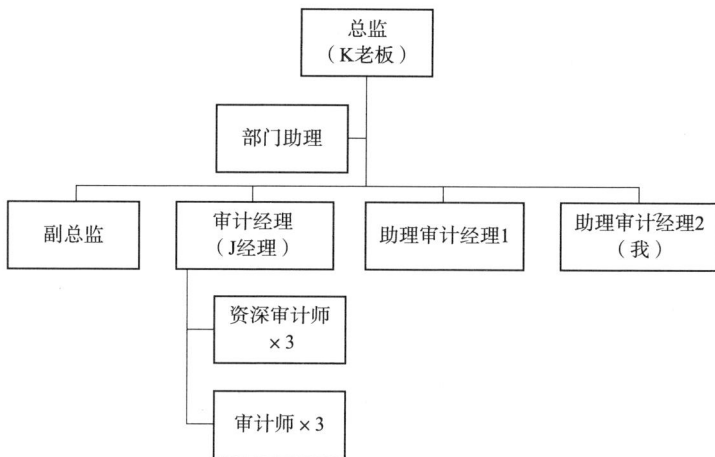

组织架构图

在经理和助理经理中，我的年龄最小，学历最高，其他人都是店长出身，虽然现在本科甚至硕士出来做咖啡店、快餐店储备干部的很多，但在当时，店长大部分都是三校生①的背景，第一学历为正规大专都是少数。

当然我的意思不是看不起三校生，事实上我的两位同事都在后期先后获得了本科甚至硕士学历。但在当时部门的人员结构中，就教育背景以及年龄来说，我还是拥有较为明显的优势，同时放眼整个部门中，虽然也有审计工作背景的同事，但只有我一个人拥有"四大"的审计背景，也只有我一个人有能力用英语无障碍地做演示报告。

作为人员升迁和发展的决策人，K老板是一个不苟言笑的人，而且在部门开会的时候经常会对于一些不满意的地方提出很尖锐的批评，但他却对我表现出了超越其他人的宽容和耐心。所以年轻、学历高、背景好，以及老板欣赏就成了我在这个部门最大的优势。对于上述这些优势，我想包括我在内的所有人都能意识到。

但任何事情都有正反两面，优势和隐患永远的相对存在。其实当时下面这些隐患就一直客观存在着，只是我没有意识到而已。

---

① 三校生：此处特指中专、职高、技校毕业生，以及未通过普通高等学校招生全国统一考试获得大学学籍与入学资格的学生。

（1）年轻虽然是优势，反面来看，在某种程度上就是你在公司的时间比较短，那这也可以理解为你对业务的了解不够深，对公司的忠诚度和认可度没有其他人高。

（2）由于在B公司的发展速度快于其他人，以及K老板在日常工作和沟通中对你表现出有意和无意的欣赏，会不会客观上导致其他同事产生一些不满？

（3）还有一个非常重要但容易被忽视的点，就是特别欣赏你的K老板如果发生调动，是否会影响到你的后续发展？

超预期的变化

关于上面讲到的问题，我在当时并没有想过太多，可能人在顺境中往往不会去想太多这方面的问题吧，而且这种心态在很多时候也会影响到自己的言行举止。比如在一些讨论和沟通中，可能没有表现出对于副总监、J经理和其他同事足够的尊重和尊敬，在一些关系处理上忽视一些细节，如此种种成为后面出现问题的隐患和伏笔。

危机的触发往往源于一些"意外事件"，而这个超出预期的变化出现在了2009年的春节后，有一天开周会，K老板突然宣布说他会在一个月以后调岗到另外一个部门，在新任总监到岗以前，将由副总监暂代他的职务，我的汇报关系会调整到J经理下面，而另一个助理经理则由于工作内容关系汇报到副总监。

新的部门架构就暂时变成了这样的情形，如下图所示。

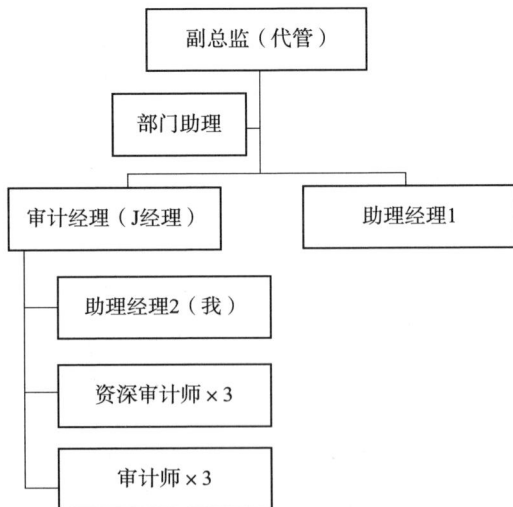

新组织架构图

面对这个消息，我基本上是没有任何思想准备的。不是说没有想过 K 老板会离开，而是说没有想过我会汇报给 J 经理，抑或从来没有想过对方会突然从平级变成自己的老板。虽然薪资待遇职级都没有任何调整，但汇报层级的下调，即从汇报给总监到汇报给经理，在我看来是一种变相的降职。

面对这样的变化，一时间我表现得有些无所适从，当 K 老板单独问我对这个调整怎么看的时候，我居然脱口而出说"我也不知道啊"。果然，在新的架构开始实行后，很多"不适应"接踵而至，而矛盾也就这样产生了。

就这样成为矛盾的焦点

既然换了新的老板，自然就会有一些新的管理方式和要求，比如我的新老板 J 经理，在新的架构调整后没多久就提出了一些新的"内部管理规定"，比如：考勤需要准时，发型和着装符合标准等。

由于这些管理规定和一线门店营运的一些标准化管理流程有不少相似之处，所以那些从门店营运上来的同事整体适应得都不错，而其他几位非"四大"审计出身的"小朋友"鉴于职位差距较大，也没有提出太大的异议。客观地说，在日常团队管理中去强调这些要求并不过分，但由于我当时的心态问题，所以会不自觉地认为这些改变都是针对我的行为，甚至会觉得 J 经理因为担心来自我的威胁而对我进行打压，并通过一些"手段"把所有的矛盾都集中到我身上。

心态出现了问题，自然会逐渐影响到一些具体的行为，虽然现在看起来真的非常不成熟，但在当时的环境中脑子就好像是一根筋，所有 J 经理提出的要求都想方设法拒绝执行，甚至于在某些非原则问题的处理上会与 J 经理针锋相对，在这里简单回忆一下几个矛盾产生的场景。

场景一：

一次内部会议上，J 经理对于出差的标准提出，虽然之前 500 元一晚的出差住宿标准可以被接受，但根据公司的政策，以及你们的级别，出差只能住 3 星级的酒店，超过标准必须要向他提前报备，虽然提前报备且给出合理的解释 J 经理肯定会同意，但这样的改变却让我心理上感觉十分的压抑，随即我便当面提出了异议，认为这样不利于效率的提升，但作为主管 J 经理却明确表示"我们是纪律部门，必须以身作则"。这让我无言以对。

反思：

其实站在 J 经理的角度，提出这样的要求并无不妥之处，作为下属当众对上级的要求提出反对意见这是非常不好的行为，如果就事论事，完全可以和主管事后单独就一些细节问题进行沟通和交流，并客观地提出优化建议。

场景二：

有一次，我周五上午提前完成了稽核工作后，当天下午 1 点就回到上海，根据之前 K 老板的默许，这种情况是可以不回办公室的，但这一次 J 经理却在事后质疑了我为什么回上海后不先回办公室？还特意强调人力资源部关于下午 3 点前抵达上海需要回到办公室上班的要求，但也提到我们内部也未曾进行过全员的宣贯，所以这次就网开一面不做处理了。

当时我对 J 经理的质疑抵触比较大，毕竟出差也很辛苦，很多时候也占用的非工作时间早出晚归，我也没有要求给予任何补偿，甚至还拿当年在"四大"A 公司还有加班费来挑战 J 经理，当然最后的结果又是一次不欢而散。

反思：

J 经理指出先行做法与标准的差异之处，并提出下不为例的做法其实并没有任何问题，但由于我和 J 经理之间缺乏有效的沟通，也没有在岗位变化后去建立信任，所以就会导致一些小事而逐渐积累起矛盾，并最终导致信任的彻底丧失。

场景三：

由于 B 公司增加了一块新业务，而根据之前的内部计划，将由我来承担这块新业务的稽核程序的设计工作，等初步设计工作完成时组织架构与汇报关系已经发生了变化，但根据既定的标准必须与 J 经理一起走一个内部评估。本来我以为就是走个流程，但没想到的是，J 经理在没有跟我事前通气的情况下，评估时召集了所有的团队成员一起参加，并强调说为了能让更多人参与新项目并获得学习的机会。由于前期积累的一些沟通中的问题，导致了我内心的再一次抵触，在随后的评估过程中，面对大家对于稽核表设计和审计思路的一些问题，主观上也表现得非常抵触，言辞中也显得有些激烈。

反思：

作为团队的领导者，在不影响工作的情况下让大家参与一些新项目的学习无可厚非，矛盾点还是在于双方没有信任的情况下，无法同频去看待问题，而更加严重的是，由于这次直面整个团队，言语中的一些情绪自然也影响到其他人，同样也影响到大家的一些看法。

上述这些场景应该是我印象比较深刻的，时过境迁，回想起来的确有些不堪回首，其实仔细分析一下，造成这个结果跟 J 经理没有关系，核心还是自我的定位和认知出现问题。之所以把这些"往事"提出来，主要目的就是希望给大家提个醒，就是在周围环境和组织架构发生变化的情况下，如果个人的认知还是固化在之前那个已经不存在的场景中，最终很有可能会走向极端，而无法公正客观地去面对现实，并就适应新环境而做出改变。

二、为错误付出的代价

离开只是一个时间问题

基于多次的"突发事件"后所积累的矛盾，应该说我和 J 经理之间的信任已经很难恢复了，在接下来的一段时间里，两个人长期保持不沟通的状态。

许多年以后回想起当时这段经历时，对 J 经理个人自然不再存在任何的负面情绪，反而因为刚才说到的一些做法感到挺不好意思的，更多是对自身不成熟行为的反思。对我个人而言，最大的错误还是上文中提到的自身定位偏差，具体来看就是对于以下三个问题没有搞清楚：

（1）你的职位是什么？

（2）你现在的老板是谁？

（3）你是否有能力去改变现状？

相信整段前因后果读下来，大家站在第三者视角应该不难去回答这三个问题，但我当时的认知却有很大的偏差，我错误地认为：

（1）J 经理和我曾经是平级，所以现在还是平级。

（2）我的错觉告诉我，我的老板并没有变。

（3）我觉得我可以去改变眼下这不舒适的现状。

虽然经历了那么多，但这时候其实大家都非常清楚，我在这个团队已经不可能继续待下去了，而什么时候离开只是一个时间问题，或者说缺少一个"契机"，正所谓万事俱备，只欠东风，而东风在不久后出现了。

第一次接触 360 度调研

没错，这个"东风"就是 B 公司在 2009 年的 360 度调研。当时来看 360 度调研还是一个比较时髦的内部绩效评估和调研工具，简而言之就是让你的平级、上级、下属和跨部门的人一起来评价你，最后形成一份报告，让你和你的主管一起阅读，并制订行动计划。

360 度调研中有一个叫"盲点"的指标，针对他人认为你需要提升和改进的点，但你在自我评估中却不认为有问题，如果"盲点"较多，主管需要和对应的员工进行重点一对一的沟通。2009 年第三季度正好轮到我们部门做 360 度调研，由于出现了之前一系列的事情，最后的结果自然很不理想，"盲点"的确不少。J 经理拿着那份报告非常诚恳地跟我进行谈话，并对我说："这份报告中有那么多的'盲点'，我和你一样感到十分意外，但我们都知道 360 调研虽然能真实地反映出大家的一些想法和看法，但也同样会受到近期一些事件的影响，所以我觉得只要我们能放下过往的一些芥蒂和包袱，我们之间是没有不可调和矛盾的，我内心也很愿意帮助你，这一点上，我们的利益都是一致的。"

后来再回首那次谈话，其实我是能够感受到 J 经理的真诚，然而在当时，我的个人情绪却无法做出理智地判断与选择，在 J 经理对我说出了这段话后，我却毅然而然选择了"摊牌"，在他说完后我说了这样一句话："我觉得跟你在一起工作很不开心，我认为你没有资格担任我的主管。"

这句话一出口真的感觉挺爽的，因为我从 J 经理的眼神中看到了一丝愤怒和失落。但没过几秒钟心里就非常后悔，毕竟在没有留好退路的时候就"梭哈"也是很不智慧的行为。不过话说回来，能够在工作中宣泄一次真情实感也算是一种非常不一样的体验。

这次谈话应该可以被看作我们两个人冲突的终点，最终的结果是不欢而散，当然也坐实了双方矛盾的无法调和，以及信任的彻底崩塌。而公司内部其实没有不透风的墙，这个消息很快不胫而走，渐渐地演化成"某人不服 J 经理的领导而在公司内部吵架"。最后还是 K 老板知道此事后找我们两个人谈话，还试图将矛盾化解。

当然，这样的矛盾不可能因为一次谈话而被化解，信任的重新建立更不是一朝一夕。但此刻我还是清楚地意识到了一件事情，就是自己之前真的错了，错在没有认清形势，错在妄自尊大，错在定位不清，错在一错再错。而这次在 360 度调研之后的谈话，或者说是吵架，就如同那最后一根稻草，让我迅速地从云端坠落了。

三、艰难的抉择

两条路只有一条能走通

云端坠落之后的一个好处就是，看世界的角度变得更加清晰了。

既然认清了我和 J 经理之间的矛盾已经无法调和，错误也无法弥补，那就必须要有一个解决问题的方法，在当时的形势下，解决问题只有两个办法，调到另一个部门，或者找一个新的工作离开 B 公司。

先来说调到另一个部门，应该说不是没有可能，比如财务部，但 2~3 个月内却看不到太多的机会，而且当时已经接近 9 月，如果在 12 月底之前无法顺利转岗，那可以想象这一年的年终评估会是什么结果了。

另一条路就是找新工作后跳槽，其实当时 B 公司增长速度还非常快，这时候选择离开真有点可惜，但综合评判之后，发现两条路只有一条能走通，虽然跳槽需要付出更大的努力，以及承担更多的风险和机会成本，但毫无疑问这是一个很艰难但必须要做出的决定。

如果说上次从 A 公司跳槽到 B 公司算是被动被猎头挖到，这次找工作更多是主动找猎头推荐工作，所以基本上也就是从 2009 年的 7 月开始，我再次启动了疯狂的面试之旅。

不得不启动的仓促求职之旅

这次找工作的确没有想象的那么简单，因为当时面临两个比较棘手的问题，一是我的职位是助理经理，虽然职务不高，但毕竟那时候只有四年不到的工作经验，要出去更上一步找一个经理的职位也是挺难的。此外，在离开A公司后，主要工作都集中在连锁门店的业务流程中，对于正常的财务内部审计，以及萨班斯内控一类的业务并不熟悉，所以找到一个合适的工作依然存在难度。还有就是在B公司两年一直在出差，所以考证的时间也被耽误了，虽然当时也算年轻，但快30岁了还没有一张过硬的专业证书，的确会给求职带来些许不便。此外多少还要面对类似"B公司发展那么好，为什么还要离开呢？"以及"你去年刚升职，怎么今天就想着要跳槽？"这些比较尴尬的问题。

当然，所谓的难度也是相对的，换句话说，难度在于是否能找到满意的工作，而不是是否可以找到一份工资更高的工作。而当初回国求职的经验却在此时帮到了我，为了让自己有安全感，首先需要拿到一份录用通知书，哪怕这个工作你不甚满意，或者不是特别想去，你也必须要拿到手，因为手上一旦有了录用通知书，整个人的气场和心态就会产生变化。

在这次找工作的过程中，我第一个拿到的录用通知书是一家新加坡背景的原始设备制造商行业巨头的内审职位，业态有点类似富士康，但规模更小些，汇报对象是新加坡的内审总监，全年薪资大概22万元左右，比现在这份工作的薪酬整体高10%。我接到对方人力资源部电话的时候正在长沙黄花机场的候机楼，瞬间感觉整个人轻松了下来，对于过往的种种不愉快似乎也能够释怀了，甚至能感受到机场礼品店的铜像正在向我微笑和招手，那一刻，我仿佛看到了光。

虽然最后这份工作我也没有去，因为我知道这个虽然是保底，却不是我想要的。在拿到这个录用通知书后没多久，我就拿到了第二个录用通知书，一家外资制造企业全球内部审计团队成员，具体的职位是"亚太区内部审计师"，后续就称为C公司吧。

被动大于主动的跳槽

简单说说这个职位，职务比起现在的"助理经理"要低，而且比起 B 公司在中国的业务规模也要小很多，但毕竟是一家跨国企业全球总部的岗位。不过行业完全不一样，虽然职位稍低一点，但本身也不具备太大的可比性，此外 C 公司给到的月薪为 19 000 元，年薪差不多 26 万元，除了薪资比现在高 25% 以外，还有到全世界各地出差的机会，既然国内该去的地方都去过了，那就找个机会出去看看世界吧。

听到这里可能大家会有一种错觉，就是本章标题明明叫"云端坠落"，但为什么最后的结果成了跳槽加薪？关于 C 公司的相关面试经过我留到下一章再讲，这里我只想说一下离开 B 公司的机会成本和损失。

先说说 B 公司后续的发展吧，2009 年大概整个门店数量是 4 000~5 000 家，营业额大约 200 亿元人民币，而到了 2020 年，它的门店数量已经突破了 10 000 家，收入更是接近 700 亿元人民币，也就是说在 10 年时间内业务量整体翻了一倍，说实话在这 10 年内我很少能看到一家传统公司做到这样的增长速度。而 2008 年的意外升职，其实给我在 B 公司奠定了非常好的发展基础，可能因为 2009 年的变化，最终只能失之交臂。反之，虽然加入 C 公司有加薪，也有新的学习成长空间，但完全错过本来可以享受到的 B 公司增长红利。至于为何 C 公司给的工资会更高，说穿了就是一个外语能力的优势所带来的溢价，而这个能力优势在任何跨国企业个人向上发展过程中都会得到体现，只是我通过加入 C 公司的方式提前把这个优势给变现了。所以这次跳槽，被动成分远大于主动成分，只能说在一个不太好的局面中做出了相对不坏的选择，但实质上失去的也比得到的更多，而最大的收获反而是对过去发生事情的反思。

四、复盘与总结

这一章主题叫云端坠落，其实更多是对于心境落差的一种描述，好不容易在一家成长不错的企业站住脚，而且还得到了发展，但因为内外部的原因造成了一次"职场危机",在不算合适的时候被迫选择离开。但结果已经无法改变,所以简单整理一下作为这一段经历的总结。

如何向一段不算完美的经历说再见

提出辞职那一天,起初我准备了一篇很长的信,细数了自己过往的种种"委屈"和不满,以及对于 J 经理的各种"丑恶嘴脸"的揭发,并准备抄送给很多人。但最后冷静下来并没有真正这样做,只是说觉得目前的工作内容与自己的职业发展预期不符,所以决定去另外一家公司寻求更好的发展……到这里自己也觉得很好笑,原本轰轰烈烈的情绪到头来其实不过如此,还是好聚好散来得实在。

居安要思危,冲动是魔鬼

走到这一步,在 B 公司的工作经历也就到此为止了,但不得不说在离开后直到现在,还是留给了我很多反思。工作中的努力和付出,甚至于价值的创造都是职场进阶的必要条件,而组织的发展、老板的赏识、同事的关系、机会的把握,乃至在变化中的应对等因素也是无法忽视的。

当时我曾经下过决心,任何时候都要学会居安思危,除非你能永远占据主动,否则无论如何也不能在工作中与其他人起冲突,如果冲突不可避免,那也绝对不能发生正面冲突。

心怀感恩才有幸福感

大家可能也比较好奇,离开 B 公司之后,我是否与之前的同事还有来往?特别是跟 J 经理的关系是怎样的。事实上,再后面接下来的几年里,我还是跟 B 公司的同事经常见面,一起吃饭聚会,也跟那位曾经针锋相对的 J 经理坦然相对,即便不是朋友,也没必要作为仇人,再往深层次去想想,无论是能力还是发展机会,自己从这家公司也得到的不少,还是心怀感恩才让人更有幸福感。

新的旅程

2009 年是我职场生涯中非常重要的一年,这一年发生的事对我而言,可以看作是一个构建成熟职场心态的里程碑。2009 年 10 月加入了 C 公司，为了使整个事件没有明显的割裂感，C 公司发生的故事将在下一章来讲述！

　　2009 年底，29 岁，月薪 19 000 元，年薪 26 万元，C 公司亚太区内部审计师

第六章

（2010—2011）而立之年——现实中的
困惑与取舍

人物关系：

◆ E 总——C 公司常驻上海的亚太区外籍财务总监，我的虚线汇报对象。

◆ V 姐——外籍华人，C 公司全球内审主管，我的工作伙伴。

◆ T 总——C 公司全球内审总监，常驻海外总部，我的直线汇报对象。

我在 2009 年的秋天正式到 C 公司上班，刚刚满 29 周岁，转眼就是 30 岁的而立之年了，突然有了一种还没多久就人到中年的感觉。

其实对于大部分踏入职场的人来说，最初的数年时间都是这样的感觉，就是在不经意间，你已经快 30 岁了，然后发现尽管自己很努力，但似乎好像一事无成，而且还与自己最初的目标相去甚远。

其实有这种想法非常正常，因为最初的 5~6 年对于大部分人来说都属于打基础的阶段，无论是专业能力还是社会资源，都是一个积累和量变的过程。一般在 30 岁前后，前期的这些积累则会在一些外力和内因的影响下去触发一些质变和跃迁，但这个触发的时间却存在很大的不确定性，因而可能会产生一些阶段性的压力与迷茫。所以本章将通过我在 C 公司的经历来说明一个 30 岁职场人可能会遇到的困惑与坚持。

一、新的开始与平静的暗流

新的起点——一间独立办公室

C 公司，办公地点坐落在上海一个相对偏郊区的位置。公司办公大楼和工厂在一起，属于传统的制造型企业，有固定的食堂，每天坐班车上下班还算方便。当时这家公司在中国有五个工厂，上海这边是亚太区的总部。而亚太区除了中国以外还包括印度、印度尼西亚和澳大利亚的三个产销一体化的分部，以及日本和新加坡的两个销售公司，其他地区则通过一些经销商进行业务的覆盖。

我所申请的职位，面试流程有三轮，形式上跟传统的面试流程有所不同，为了方便大家理解，我简单整理了如下表格。

面试流程

轮　　次	面试官	语　　言	形　　式	关　　系
1	E总：C公司亚太区财务总监	英文	面对面	虚线汇报对象
2	V姐，外籍华人：C公司全球内审主管	英文＋中文	电话	内审项目负责人
3	T总：C公司全球内审副总裁	英文	电话	直线汇报对象

由上表可以看出，对于这个岗位来说，专业性强不强似乎不是最重要的，核心是你的英文，尤其口语是不是足够好。为了帮助大家理解这一点，我在此整理了三位面试官在面试期间提问的三个问题：

E总：B公司在中国发展这么好，为什么来我们这里呢？

V姐：你中文怎么样？跟一些中国当地业务伙伴交流是否存在障碍？

T总：如果每两三个月长途飞一次10小时以上的航班，而且是经济舱，会不会感到辛苦？

从头到尾都没过问专业上的问题。的确，在那个年代，英语好占有一定的优势，也代表着薪资上的溢价，甚至可以弥补一个年近30岁的财务专业人士没有相关资格证书的缺陷。

由于C公司在厂区内建了一栋办公楼，办公面积相对比较宽敞，居然还分配到了一间独立办公室，原因是这个岗位可能会接触并保管一些机密的资料和文件，或者需要进行一些较为敏感的沟通。虽然窗外的风景不是黄浦江畔的高楼大厦，而是一片片在建的楼盘和正在施工的工地，但毕竟是拥有一个独立的办公空间，也算是实现了形式上的一次小跃迁。

C公司的主要的产品是焊接相关的机器设备和耗材，由于对这个领域并不熟悉，所以最初了解他们还是通过C公司在某电影中的广告植入（钢铁侠使用 C 公司品牌的焊机来制作战甲）。后来随着不断深入地了解，知道他们的主要终端客户是一些从事基建和工程的企业。由于当时的宏观经济环境和国内大量的基础建设需求，如果在 2009 年前后做一个 3~5 年的职业规划，那跳槽 C 公司将会是一个不错的选择。

从猎头那里获取的信息是，C 公司在 2008 年以及之前的业务发展还是非常不错的，我的直接领导是个外国人，工作自由度也相对较高，新的挑战让我对未来还是充满了不少的期待。但在入职后才发现，事实并非尽如人意，理想和现实依然有一定的差距。而问题的核心在于入职前，我一直没有搞清楚"为什么 C 公司需要招聘这样的一个职位？"这个问题。

跳槽核心问题——为什么会有这个职位

当初离开 B 公司时带有一定的"被迫性"，加之对于换工作还没有太多的经验，所以就不自觉地忽视了这个问题，而只考虑了薪资待遇，工作性质和上班地点等问题，也就是在互联网上被戏称为"钱多、事少、离家近"的跳槽三要素。这也是很多朋友，尤其是年轻的朋友在跳槽时特别容易忽视的点，所以在这里给大家简单科普一下关于了解"为什么会有这个职位"的必要性。

一般来说，任何职位的设立和招聘，无外乎以下两种情况：

1. 替换性（Replacement）岗位

对于这种情况，建议大家了解一下前任离职的原因，如果是类似"升迁、转岗或孕替"这种原因都没什么问题。但如果是前任离职，可能就需要侧面（一般通过猎头）了解一下离职的原因，比如另谋高就、裸辞、能力不足被劝退，或者出现了一些违纪情况等。这样做的好处是能通过了解他人离职的原因来评估一下自己在接手了这个职位后是否能适应，会不会出现前任同样的情况。

2. 新增（New Open）岗位

对于这种情况，就要问一下对方设置这个职位是基于什么考量？如果是基于业务的发展，需要投入新的人手和资源，那就需要考虑未来业务发展与增长的确定性，是否存在外部情况发生变化导致新增业务被砍掉的可能性。如果是基于组织架构调整后新增的岗位，那就要知道新旧架构下的人事调整方向，以及你入职以后组织架构在短期内是否存在进一步调整的可能。

　　了解了上面两种情况，我再来说说 C 公司的这个"亚太区内部审计师"的职位是怎么来的。我先把 C 公司在中国的发展背景简单交代一下，C 公司 20 世纪 90 年代对中国进行了投资，但由于对中国大陆的营商环境不了解，所以选择了一家与 C 公司存在既往业务合作的台资企业进行合资。进入 21 世纪后，由于台资企业的创始人即将退休，所以在双方协商下把中国大陆的业务全部卖给了 C 公司，并在 2007 年开始进入了 C 公司独资的时代。

　　但是在 2009 年初，却发生了一件大事。上述合资企业达成并购协议后，C 公司总部随即着手开始进行当地的业务整合，然而在推进一些具体业务的过程中发现一些日常的业务处理流程，例如：工厂废品售卖收入坐支，商务费用报销账实不符，商务招待与礼品描述不清等，并不符合总部的《内部控制管理规范》①与《反腐败合规政策》②中涉及内控与合规要求，甚至一些供应商和经销商管理过程中还发现了潜在的利益冲突③。虽然公司当时就一些合规要求进行了内部的宣导，但由于多年来形成的惯性，实际上在执行层面依然是"业务为先"，即没有对上述这些问题进行更正和处理。但由于公司设置了内部举报机制，最终总部还是通过举报热线了解到一些情况，并启动了调查程序，而结果就是一批高管都因为一些涉及流程和道德的原因被总部辞退。

　　作为亚太区财务总监的 E 总是 2008 年底入职的，所以对前期一系列事情没有责任，但加重了后续中国区的合规管理；同时，配合调查该事件"有功"，V 姐和 T 总均通过此事获得了晋升，但包括总部和亚太区在内的管理层，也都认识到了在业务发展的同时加强合规管理的重要性，所以我这个职位就是

---

① 内部控制管理规范，自 2001 年美国发生安然事件以来，为强调企业管理层在公司治理与内部控制层面的责任，同时为进一步加强和规范企业内部控制，提高企业经营管理水平和风险防范能力，各国均在陆续出台相关的法律文件，其中中国在 2008 年出台了《企业内部控制基本规范》，美国在 2002 年出台了萨班斯法案。

② 反腐败合规政策，公司出于合法合规经营和声誉的考量，会结合其所在经营地的法律，以及自身的合规要求，执行适用于企业的《反腐败合规政策》，适用对象一般包括高管、董事、员工、股东、经销商和其他代理人或代表公司行事的第三方。内容一般为禁止收受任何金钱或有价物，以牟取任何不正当利益，或获取、指导或保留业务。

③ 利益冲突，即我方业务负责人与客户和供应商的关键岗位人员存在可能导致我司利益受损的情况。例如，我司的采购负责人和供应商的销售负责人之间存在亲属关系。

在这样的情况下被"新增了出来"。

在了解到这样的背景之后，突然发现我把这份工作的难度和复杂度想得简单了，因为我要做得不仅仅是根据政策要求对现有流程执行复核和检查的工作，更要面对如何在确保风险可控的情况下，将一些与总部要求存在差异的流程进行整合与过渡。前者依靠既往的"专业能力"和"学习能力"以及"时间管理能力"不难完成保质保量准时的交付，而后者则需要更多的"跨部门协同"与"沟通技巧"才有可能实现目标。

三座大山——业绩不稳，人心不定，信心不足

C 公司启动内部调查程序和解聘高管是在 2009 年初，我入职是在 2009 年10 月，这个事情已经过去大半年了，影响应该逐渐消退才对。但通过和一些新同事交流以及自身的观察依然感受到这次变动对整个中国区团队还是有很大的影响。

其中最为直接和首要的影响自然来自业绩。其次，是人心，由于一些调整，导致留下来的人在很大程度上都不敢做出一些关键性的业务决策，通过大家行为和反馈感受到的就是"少做事，少犯错"。无论是开会，还是日常电子邮件中的沟通，都透露着一股浓浓的免责心态。比如"我们部门的责任仅仅是×××，从我部门的视角出发我觉得×××，这个事情还是要问一下×××才更清楚，我仅代表我个人观点"，等文字非常常见。在这样的背景下，跨部门的关系也比较紧张，想要推进一些有利于业务发展的项目，却对现有流程有所改变的事情难度也变得更大。

最后是信心，对长期业务发展影响最大的一点，是总部对于持续在中国投资的信心，其实之前总部在决定对中国进行独资经营后，也做了一个很宏伟的投资计划，并计划把全球最大的生产基地落户在中国。虽然整个项目投资计划并没有因为这次事件而改变，总部也在官方新闻稿中一再强调中国市场的重要性。但在投资节奏上却显得更为谨慎了，比如在正常的流程之外可能还要再加上一些额外的合规程序，又比如对于一些正常的商务招待还要加上各种预设的审批条件等。

在这样的大背景下，2009 年前后，许多业务开展以及新的商业模式的尝试都显得举步维艰。表面上看，C公司已经在前期的动荡后转入了一个平静期，尽管有些项目的推进变慢了，但中国区范围内依然还有不少工程和资本投资项目在开展，亚太区的总部也从新加坡迁到了上海，一派干劲十足的气象。不过这"三座大山"绝不是短期内就能推翻的。

二、内部审计的职能与分类

两个老板——特殊的双线汇报制

记得之前在B公司与K老板面试的时候，他就提到过自己有三个老板，需要根据时差和工作内容分开进行汇报，还说他的工作特点是"夜总会"，即夜里总开会。当时听了也没什么感觉，毕竟K老板是高管，他的职位当时也离我非常遥远，不过没有想到两年后这样的事情居然会发生在我身上。

与B公司负责门店运营稽核和舞弊防治的职能不同，C公司的亚太区内部审计师岗位是一个内审岗。既然是内部审计岗位，就要强调其独立性，所以直线汇报对象肯定是到总部的内审部门的T总，但上面也讲到，除了根据总部要求执行审计程序外，还有不少推进当地新业务整合和过渡的工作，而当时C公司的新业务主要都集中在亚太区，所以还需要虚线汇报给到亚太区的财务总监E总。而对应的工作也被分成两部分，一部分是支持E总对亚太区所有的分支机构与公司进行内部控制与风险管理，另一部分则是基于集团审计委员会的计划，以及T总的任务清单，到各地执行不同类型的审计工作。

上述两项工作在具体计划的时候会考虑到权责分离和利益冲突的问题，也就是说，如果你协助某一个分公司制定了某项内部政策，那就需要在事后的内部审计中采取回避原则。上述问题大部分会在年初的审计计划中考虑，但也有一小部分特殊情况会在具体执行过程中进行调整。

内部审计工作的三个阶段

内部审计工作有不同的分类，但还是有共性的，即所有的内部审计工作大致可以分为三个阶段，分别是计划阶段、现场工作阶段和后续报告阶段。

计划阶段主要是确认审计范围、审计期间、审计团队、现场工作时间与报告时间、项目预算等事项。计划阶段一般会由内部审计项目经理负责。计划阶段的工作清单，见下表。

内部审计流程—计划阶段

内　　容	描　　述	备　　注
项目名称	C公司 ××子公司内部控制审计	
审计范围	××子公司财务报表及所涉及的主要内部控制流程	
审计期间	20××年 ×月至20×1年 ×月	一般为12个月
审计资料提供日期	20×1年 ×月 ×日	一般为现场工作开始前两周
现场工作时间	20×1年 ×月 ×日至 ×月 ×日	一般为两周
审计团队	审计经理 ××× 审计现场负责人 ××× 审计师 ×××	一般 3~5 人 审计经理一般第二周到现场
报告时间	现场工作结束后 ××天内	一般为 15 天
项目预算	差旅 ××× 其他 ××× 外聘顾问 ×××	为了弥补短期内的人手不足，外部顾问一般来自会计师事务所

如上表所示，现场工作阶段一般会持续两周，第一周的周一开始，第二周的周五结束，包括所有的现场访谈，固定资产和存货的盘点，现场抽样和问题沟通，审计总结会议等，具体时间节点及工作内容见下表。

内部审计流程—现场阶段

时　　间	主要工作	备　　注
第一天	审计现场工作启动会议	第一周的周一 要求被审计单位的核心管理人员都参加
第一周	完成关键人员访谈 获取所有审计样本	访谈计划和样本清单需要在前期提供
第二周	完成所有样本测试 完成现场盘点工作 沟通审计发现 所有审计底稿复核完成	根据审计团队的分工完成对应工作
最后一天	审计总结会议 所有审计问题确认 后续时间节点沟通	第二周的周五

现场工作阶段结束后，大部分审计工作都已经完成了，后续就是报告阶段了，此时有两件最重要的事情要在此阶段进行确认，分别是：

（1）是否有重大问题（对财务报表产生重大影响或被认定为重大控制缺陷的审计发现）需要向董事会或其下属的审计委员会进行汇报，并决定是否在合并报表层面对外进行披露。

（2）最终的审计报告和结果，虽然叫法不同，但一般公司都会分为三档，即"优、良、差"。如果出现上述（1）处提到的重大问题，基本就会直接列为第三档，后续也会提高整改过程的关注度。

一旦上述两点确认了，就会签发审计报告，而被审计单位就需要根据审计报告中的审计问题提供"回复"和"整改意见"，整改意见必须满足三个条件，即完成时间、负责人以及可以被量化的整改目标。

不同类型的审计项目

上述三个阶段是针对内部审计项目的共性进行的总结，但不同的内审项目，其差异性还是比较明显的。C 公司内审项目的具体内容，大致也可以分为以下三类：

第一类叫内部控制审计，基于《公司内部控制管理规范》对于企业管理者的内控合规责任进行审计，主要工作聚焦在财务报表层面的两个维度，分别是：

◆ 财报信息的准确性。

◆ 列报格式标准化。

◆ 财报数字背后业务流程的合规性。

关于财报信息的准确性，最常见的做法就是把资产负债表的重要科目逐个从总账科目到二级乃至三级科目进行拆解和复核，同时也会通过抽查当期重要交易的发生额，例如：

◆ 单笔金额最高的 10 笔收入和付款，去追溯其记账科目和记账时间是否准确。

◆ 抽查一个月的预提工资，去核对真实的支付金额是否存在较大的差异。

◆ 当期新增的在建工程是否达到"可使用"状态，并完成了转固。

关于列报格式标准化，则一般会抽查资产负债表和利润表的项目分类是否准确，是否存在与集团总部标准账套要求存在差异的情况，比如：

◆ 租赁合同中是否存在符合"融资租赁"标准的项目，是否需要重新评估和列报。

◆ 主营业务收入中是否包含了其他收入，是否需要进行调整。

◆ 应收账款的余额中是否包含了贷方余额，如果是的话为什么没有调整到预收账款科目中。

上述两项审计工作要求都比较直观，相对比较难的是第三项，财报数字背后业务流程的合规性比较考验专业能力，一般需要对关键业务流程进行专项的复核。比如：找到当期重要的新建客户，从新客户添加、账期申请、销售订单生成、发货回单、开票到回款整体走一遍流程，检查每个环节，这样一个过程会涉及多个部门，所以就要到各个职能部门去要资料，了解情况，并就一些问题进行专项的沟通。同样流程还涉及新晋人员入职，新的供应商添加，新的固定资产采购，都可以用类似的方式进行审计。

针对任何审计发现和审计问题，审计师会被要求先进行风险评估，并根据影响程度与发生概率的大小对相关问题进行定性，并决定是否要反映到审计报告中，在写到报告上之前，也需要跟业务部门进行沟通和确认。

第二类叫运营审计，具体来说就是以应收、应付和存货管理流程作为切入点，对公司的运营效率，管理流程，以及相关的节点进行审计。此类审计其实更像是一种咨询服务，不会更多地针对合规性，而是注重于效率和效能的提升。例如，如果某个公司为了执行总部规定的采购制度，确保非常高标准的安全库存，但实际情况下却导致占用了过量的运营资金，审计师在发现问题后就会提出，并在评估了风险之后，建议综合评估是否有必要维持如此高的安全库存。

此类审计更加贴近业务，审计结果和意见可以给业务带来更直观的帮助。记得有一次，我们在审计一家公司的销售效率过程中发现，销量占比更高的大客户毛利率在逐年降低，且销量并没有明显的增长，原因就是销售人员为了维持销量而持续性地给大客户争取各种折扣和补贴，而且账期对比其他客户也会更长。而公司上下由于惯性的认知，都认为这样的做法是非常合理的，当时我们根据相关内容列了清单，见下表。

销售效率清单

客户	销量	毛销售额	销售费用	净销售额	平均回款天数

上表的"销售费用"包含了所有的返利折扣等需要在净销售额之前扣除的费用，同时根据上表，我们又把"平均回款天数"所对应的"利息成本"加上"销售费用"，再除以"净销售额"进行了一个费销比的排名：

费销比 =（利息成本 + 销售费用）÷ 净销售额

此外，还把最近三年的"净销售额增长率"和"加权费销比"做了一个列表，结果一目了然，哪些客户需要投资，哪些客户持续在下跌没有进一步的投资价值。而这样的项目，对审计师的要求也会更高，需要有更强的商务思维。而且这样的项目做多了，也可以进一步提升审计师在业财融合层面的能力。

第三类叫特殊审计。其中做得比较多的是基于公司的《反腐败政策》进行的审计工作，审计的内容主要针对公司在开展业务过程中是否存在或可能存在一些行贿受贿，抑或是过度招待的行为。

为方便理解，下面举一些具体的例子进行说明：

◆ 所有的商务宴请，必须要提供菜单，以及出席招待所有人员的名字和职位。

◆ 所有的工厂废弃品售卖必须建立台账，收入确认到财务账簿，严禁作为小金库进行坐支。

◆ 所有的"销售佣金"一旦被支付，就必须要跟具体和销售合同产生关联，量化出合理的比例关系，以及被支付佣金的一方与C公司和客户之间不存在任何的"非正常"关系。

除了上述这三类日常的工作外，有时候还会被指派参与一些特别的调查工作。比如某位高管被他人举报存在收受好处费或其他违纪违法的行为，接到总部的指派后会进行秘密调查，调查工作包括但不限于进行证据收集、数据整理、访谈举报人、后台查阅邮箱等。此类工作不会太多，不过一旦发生基本上都会直接或间接使某位高管"离职"，有时候这类调查背后多少也有公司整个战略方向和组织架构调整层面的考量。

上述便是我在 C 公司大致的工作内容，从入职到离职的两年多时间里基本没有太大的变化。

三、两次不得不说的项目经历

上一节专业内容的比重较多，所以这一节就通过两个项目，来分享一下我在 C 公司的一些个人成长经历。

橘生淮南之下的因地制宜

C 公司在 2009 年之后依然在中国有不少新的投资计划，其中一个项目就是一家位于黄河中下游地区的民营企业。C 公司出于战略布局的考量，在多重资产评估后，决定收购这家中国企业 60% 的股份，并且委任创始人担任总经理，而早期的创始团队也被保留了下来，从管理逻辑上看没问题，毕竟总部和创始人的利益都是一致的。

我在描述工作职责的时候也提到过，除了参与全球内审团队规划的审计项目外，我还要参与亚太区新投资项目的整合工作，因此这个新并购的企业也在我的职责范围之内。

第一次去是在完成并购后的 3 个月，由于之前已经有了心理预期，但实际情况还是超出我的想象，比如：几张 500 元的定额发票，说明是 ×× 经理 5 月招待费，然后再翻 6 月的凭证，依然是同样的几张定额发票，描述也完全一致，而且发票的编号和 5 月的还是相连的。此外，很多被抽查到的费用报销连描述都没有，在国家税务总局的网站上也查不到对应的发票记录。无奈之下，只能将实际情况向当地团队和 E 总进行了报备，好在当地团队的心态还是比较积极正面的，认为既然成为 C 公司的集团成员，就要拥抱变革，一定积极做好整改工作。承诺会把公司的报销标准和要求与当地团队进行宣贯，并约定 3 个月之后我再过来审核。

3 个月之后，我如约又去了一次，上述的情况的确得到了明显的改善，但新的问题又出现了。在这次费用抽样与审核的过程中，发现了一些来自商务 KTV 开出的发票。在与相关人员的交流中了解到，"商务 KTV"就是那种有异性陪侍的 KTV，这在当时来看是一个比较严重的合规问题，而当地同事却觉得这是一种非常常规的商务招待，就像美国人做生意请别人去打高尔夫球一样，在里面也就是唱歌、喝酒而已，并不存在公司在合规制度中所禁止的"性招待"行为。

在当时来看，对这个问题有两种处理方式：

（1）就是把发现的实际情况向总部反馈，并尽可能把风险点朝"一旦被发现，可能对公司声誉造成不良影响"的方向上去引导，最终就是一刀切，全部禁止类似的做法，但这可能在当时会造成一线团队的抵触，并增加很多在具体执行层面的沟通成本，甚至会成为一线业务做不好的借口。

（2）在业务上不对其进行限制，但在风险可控的情况下对报销制度进行对应的优化和限制，当然最终目的还是要把这些行为完全禁止，只是能够用最低的成本去完成过渡与落地。

最终，在和当地团队、公司创始人和总部的沟通中，大家一致选择第二种方式。当然首先要强调在"商务 KTV"中向客户或第三方提供异性陪侍是属于不合规且违背公司价值观的行为，但由于之前没有对于这个标准进行过宣导，所以公司不会对过去所发生的相关情况进行责任追溯。同时，考虑到商务 KTV 同样具有提供合理商务招待的属性，为了保障业务的可持续性，我们重新修订了费用报销制度，并且单独加了一条关于去"商务 KTV"的报销要求，具体内容如下：

"为了拓展业务以及与客户进行更有效的沟通，在有了前置审批后，商务 KTV 被视为可以选择的交际应酬场所，在其中发生的并可以用来报销的费用包括：明码标价的包间使用费，有消费清单支持且合理的饮料酒水和餐饮费用。除此之外的任何费用都不在可报销的范围内。"

事实上，在这条规定实施后，我们在之后的费用审查中，就再也没有看到类似商务 KTV 的报销出现，道理其实也很简单，既然报销范围限定死了，那提供同样服务的场所也有很多，自然就不会选择价格更贵的"商务 KTV"了。换句话说，就是通过形式上"不禁止"的方式实现了"实质上的禁止"。我也是通过这件事情开启了一个全新的认知，即如何用最小的代价实现最有效管控。

这件事情给我的最大感悟是，相对于指出他们的错误，或者死抠标准，不如直面问题背后的风险，从风险管控的角度出发，找到一个最为有效落地的解决方案，可能效果会更好，也更能体现出自身的价值。

刻骨铭心的印度之旅

由于我所覆盖的工作范围是整个亚太地区，所以除了中国的企业和工厂外，还需要到其他国家，这里最刻骨铭心的记忆来自印度。

C 公司的印度工厂也属于新建项目，相对于上一个项目来说，难点在于文化和语言的差异。第一次去印度坐的是从中国香港转机的国泰航班，飞机到时已是深夜。第二天一早，印度同事特别派了一辆"专车"到酒店来接我，车子是印度生产的福克斯，从酒店开到工厂大概 30 公里，路虽不远，却足足开了 1 个多小时的时间，其中 90% 以上都是公路和乡间小道，沿路几乎看不到高速，但到处都是阻碍着交通的"神牛"。

印度工厂坐落在一个城市郊区的工业园里，看得出来公司在建这个工厂过程中也是下了血本了，原因可以理解，20 世纪末和 21 世纪初，很多发达国家的大公司都看到了发展中国家的投资机会，毕竟当时印度也号称是金砖国家之一，特别是在考虑到当地相对较低的人工成本，以及借鉴了很多发达国家建设工厂经验教训，所以都会在基础建设层面选择高配。C 公司投资的印度工厂就是其中的一个典型。

但是，一开口说话就头大了，姑且不论口音是否能够准确分辨，就那种摇头晃脑、拿腔拿调的语音语调听着便使人抓狂，这也直接导致我第一次去印度前前后后能听懂最多 20% 的话，而经过一番的你来我往，两年后再去印度差不多才听懂 80%。

这个进步一直被我自己认为是在这家公司所取得的最大成就之一，倒不是因为语言能力取得了多大的进步，而是更多学会了换位思考，比如印度人喜欢用的"pls do the needful"意思为"请你帮忙提供有必要的支持"，根据英语语法这完全是错误的，但在全印度却通用这种说法。所以只要能够用印度的思维模式去推测对方想要表达的意思，听懂也不是一件太难的事，而一来二去之下就逐渐自我升华了。

其实在 C 公司工作期间还去过许多不同的国家，为什么要着重说印度，因为我自 2009 年至 2011 年这两年多时间里前后去了不下 10 次印度。在这段时间内，可以明显感受到自己的能力得到了很大程度的提升，总结下来有以下几点：

（1）包容度——与说不同语言、不同种族的人沟通，并一起工作，相互理解，从而达成共同的目标。

（2）抗压性——印度业务存在很多问题，而几乎每次去，都会发现新的问题，从一开始的抓狂到后期的淡定，不得不说也是一种提升。

（3）寻找资源的能力——整间公司 200~300 人，只有我一个是中国人，如何学会利用和整合各种资源来帮助自己，摆脱孤军奋战的局面，这是我必须面临的任务。虽然过程中有很多的挫折与挑战，但我依然非常欣慰自己的职业生涯中能够有这样的一段经历。

四、复盘与总结

多元化与包容度

C 公司的工作除了进一步丰富了"专业经历"外，最大的收获与成长就是如何在一个多元化的工作环境中展示更强的包容度。虽然在 B 公司工作也经常到国内的不同地区出差，与不同城市的同事交流，但 C 公司的工作要求显然更高，无论是面对被 C 公司收购的民企同事，还是 C 公司散落在世界各地形形色色的工作伙伴，当大家处于不同的肤色、语言、种族和文化背景下，如何快速建立起共识，并实现相关工作事项的推进，以及就一些管理上的问题进行交流和讨论，可以说每一次经历都是一个自我提升的过程。

而包容也并不意味着无底线的退让和妥协，更多的场景则是如何站在对方的角度，用对方能理解的逻辑，解读我需要传递的关键信息，同时通过各种资源的高效协调，以达成最终的目标。对于个人贡献者和团队领导者来说，这都是一种非常有用的技能，也是一种必备的思维方式和理念。而这种思维方式和理念，也在后续的职场经历中不断影响着我，也为我带来了很多好处。

十字路口的何去何从

2011 年，我 31 岁了，是时候开始一些关于未来职场之路的反思了。当时我月收入税前 2.2 万元左右，有奖金和 13 薪，加在一起差不多 32 万元吧，应该说属于一个比上不足、比下有余的状态。不过也许是跨入了而立之年，所以人就可能会出现很多不同的想法，当时主要考虑的问题有以下几个：

（1）跟我一起进会计师事务所工作的小伙伴们现在很多都已经是经理的职位了，相对而言我还只是一个不带人的专业人士而已，这个按专业说法应该叫同伴压力。

（2）其实在外国人看来，我现在这个职位上做到 40 岁也是很正常的，在业务比较稳定的情况下，几乎不存在太多的内部发展机会。

（3）按理来说中国应该会有更多的成长和发展，但碍于行业的特殊性与公司整体战略问题，这个行业在 2011 年的时候就提早进入了制造业的寒冬。

（4）经过了 6~7 年的职场磨炼和学习，我认为自己已经具备了带团队的能力，而且对于未来的职业规划，带人是一个非常重要的职业发展步骤，正所谓正确的时候该做正确的事。

（5）在 C 公司这段时间内，除了工作之外，还拿到了职业生涯的第一张专业证书：国际注册内部审计师，简称 CIA。

学会取舍，从"专业"到"管理"

综上所述，我在当时的感知和判断是：

◆ 钱，或者说工资，虽然不高，但也不算低，而在我看来，短期内提升工资的意愿也不是非常迫切的。

◆ 专业能力，或者说审计与合规这一块的提升，说实话在这个年纪，再想进一步提升不是说不可能，但上升空间已经没有那么大了。

◆ 换一个其他的财务职能，是不是意味着从头开始？机会成本会不会太大？

◆ 如有带人的经验和机会，以及真正的"经理"职能才是我目前最需要的，才能实现从"专业级"到"管理级"的跨越。

虽然带人的机会对我来说很重要，但却是目前 C 公司所无法提供的。

事实上，在我提出辞职后，不管是 E 总还是 T 总都跟我进行过交流，希望通过提供其他机会，包括去海外内审总部，或转岗到全球投资并购团队整合职能，说实话还是非常有吸引力的，但人生有时候就是要学会取舍。

对那时的我来说，带团队，实现从"专业级"到"管理级"的跨越，才是最为重要的，如果一个新的职位能够满足上述两点，并且能够去到一个成长性更好的行业和更加接地气的公司，应该会是一个正确的选择，而这些也是在选择中所必须去坚持的东西。

在有了明确的目标，以及清晰的职业发展诉求后，找工作应该说还是比较顺利的，而且找工作的结果还超过了我的预期，而这份新工作在今天来看可以说是个人职业发展中的一个非常重要的转折。

2011 年底，31 岁，月薪 21 000 元，年薪 28 万元，C 公司亚太区内部审计

第七章

（2012）砥砺前行——新公司新角色的新挑战

人物关系：

◆ L姐——D公司人力资源经理，招聘我入职D公司，并配合我开展相关审计调查。

◆ G总——D公司大中华区总裁。

◆ J总——D公司大中华区财务总监（CFO）。

◆ Red——我进入D公司后的第一个下属。

2011年年底，我开始思考下一份工作，我想找一个前景较为看好或相对处于稳定增长阶段的行业，以及能为我提供现阶段对我来说非常重要的团队管理经验。由于一直长期保持着与一些专业猎头的接触，所以在明确了求职意向后并没有等待太长的时间，猎头给我带来了一个机会。

一、来之不易的岗位

为了把这段经历更清晰地呈现给大家，我将以"准备阶段、面试阶段和发放录用通知书阶段"来进行描述。

准备阶段

我的简历：

个人简历：××××

年龄：31周岁　　年收入：32万元（税前）

工作经历：拥有三家公司累计超过7年的工作经验，其中2年多在乙方公司"四大"，4年多在两个不同的行业（餐饮和制造）做甲方内部审计（Inhouse）等工作。

工作内容：财务审计、内控和萨班斯法案、舞弊调查、流程优化等。

优势：带过项目但没有带过人，有注册内部审计师（CIA）资格证书但没有CPA和其他证书，英语的日常交流能力基本达到准母语（Native speaker）的水平。

那猎头介绍的工作是一个什么样的机会呢？此处，我以招聘需求和工作职责描述的方式进行呈现：

招聘方（Recruiter）：一家美资国际性消费品公司（称作D公司）。

业务内容（Business scope）：餐饮服务、零售、制造及供应链管理等。

职位（Position）：D公司中国区的内控经理。

汇报关系（Report to）：大中华区的财务总监CFO。

下属团队（Reported by）：带一个人的小团队。

主要职责（Key responsibilities）：优化并制定内控流程，负责总部内审和外部审计问题的沟通和跟进。

上述内容是经简化后的招聘需求，一般下面还会附上对候选人的要求。可能大家会有所疑问，好像从上到下都没有谈到薪资的问题，难道钱的问题不重要吗？

说实话，在答应猎头决定尝试这个岗位之前，我真的没有考虑过薪资多少的问题，由于前一章节对自身未来的深度思考，从岗位描述和企业的定位来看，这个职位是非常符合我当时的一个职业发展预期的。所以与过去几次跳槽过程中各种纠结和考量不同的是，这次我从头到尾基本上只花了1个小时就决定了。之前就有随时更新简历的习惯，所以不到一天的时间就将最新的简历发给了猎头，然后花了好几天的时间认认真真地了解了这家公司。

在这里希望跟大家分享一个观点，如果你认为这个新的工作机会对你非常重要，那我建议你在面试前做好充分准备。

针对一些管理类的岗位，其实简历的包装和描述并不是最重要的，只要做到内容真实完善，逻辑清晰即可；而且对于有一定专业工作经验的资深从业人员来说，专业技能优势也无需强调太多，更为重要的是对公司业务模式的理解，我整理了一份面试前的"功课清单"，见下表，供大家参考。

面试前的"功课清单"

项 目	学习资料	学习内容
A	D 公司母公司的年报	了解其全球业态，战略发展方向以及关于中国业务的描述
B	媒体公开报道	D 公司以及其中对中国区的整体业务情况的披露
C	行业报告及相关新闻	了解 D 公司最近遇到的问题
D	上述所有内容	从个人角度出发对看到的风险和机会进行综合研判，以及个人对于这个职位的认知和从行业角度出发整体的市场竞争和趋势等

当初为了准备这次面试，笔记就记了好几张纸，可能有些小伙伴会有疑问，是否有必要花那么多时间去准备一次面试？怎么说呢，的确挺花时间的，而且付出了不一定有回报，但如果把这些准备工作看成一种自我学习和提升的机会，那我觉得付出还是非常值得的。也就是基于这样一种认知，我从那时候就养成了这个习惯，或者说把这件事当成了自己的一种兴趣，而事实也证明这个习惯对后续职场发展带来了很多正面的影响。

面试阶段

面试的通知来得很快，并在接下来的两周内与人力资源经理和 CFO 完成了面试。D 公司的办公室坐落在徐家汇的一栋半新不旧的办公楼内。首次面试我的人力资源经理 L 姐算是一位知性的女士，整个过程还是很愉快的，在结束的时候她也给了我很多下一次见 CFO 时的建议。这里请允许我多说一句，如果你在面试中遇到同样的场景，那必须要非常认真地面对，因为这里至少透露了两个重要信息：

（1）面试官对你是认可的，所以她会把你推荐给这个职位的直接主管。

（2）她给的建议必须认真听，因为这对于下一步面试的成功非常关键。

她当时给我的建议是："下次见到 J 总的时候，希望能谈下关于你对于所应聘的岗位，应如何更好地支持业务发展；另外我们这个岗位是要带团队的，而你没有直接带人的经验，所以这方面我也建议你准备一下。"

整个流程还是非常快的，一周后便约到了 J 总。第一次见 J 总，给我的感觉是严谨、谦和且为人比较厚道，而由于之前人力资源经理 L 姐给的建议，所以整个过程的应对还是比较从容。比如开场时的一段对话：

> J总："你最近有没有了解过我们行业发生了什么大事？"
>
> 我："应该是关于产品中的某个菌种超出国家标准导致一些渠道下架的事情吧？"
>
> J总（半开玩笑的语气）："对啊，我们这个行业风险那么大，你怎么还考虑来面试啊？"
>
> 我（笑着说）："其实我也在餐饮行业工作过，应对此类风险应该是企业所需要面对的一种常态化问题。关键核心在于两点，一是日常管理中对风险管理的重视度，二是企业的抗风险能力，通过一些资料的学习和了解，我相信D公司是完全有能力来应对的。"

说实话，J总这么开场还真的让我挺意外，不过细想一下也不奇怪，L姐早就说了，他看重的是你对于如何支持业务的思考，而内控经理又是负责对风险进行评估和管控的职能，从业务视角切入问题再正常不过。而下面一段对话则直接关系到了另一个关键问题：

> J总："能不能谈一下你在目前工作中，一段对你影响和收获比较大的经历？"
>
> 我（脑子里突然闪过L姐的第二个建议）："嗯，那应该是我去印度出差时，印度工厂的财务经理离职了，所以被临时委派过去协助他们完成结账的工作，其实就是临时去顶替财务经理的岗位。虽然之前对他们的业务还是比较了解的，但毕竟涉及很多跨文化环境中的工作细节，所以挑战还是比较大的，而这段经历给我带来的最大收获是除了带一个临时团队的经验外，还有就是学会包容，尤其是面对文化、种族和背景都不一样的团队和伙伴。"

以上回复是我之前准备过的，虽然我没想到J总通过这种方式来提问，但由于 L 姐之前的建议，所以我感觉他真正的问题可能是希望了解，从来没带过团队的我来谈谈"团队领导力"的看法，以及测试一下我是否做好了这方面的准备。

整个二面的过程谈不上超常发挥，但也把该表达的都表达了，感觉还是得到了对方的认可，最终拿到录用通知书应该是八九不离十的事。

发放录用通知书阶段

两轮面试结束后大约两周都没有收到回复，后来还是猎头主动打电话告诉我对方觉得他们公司相对比较本土化，担心我因为长期在比较国际化公司的环境中工作，过去后不太适应，建议我能够写一点东西对这个问题澄清一下，并且表现出对于这份工作的渴望与热情。

说来也奇怪，当听到这个消息时，我没有一点挫败感，反而立即就答应了。原因很简单，人家这样想肯定已经认可你的个人能力。至于所谓的顾虑，更多的是希望你能够更稳定地在这里工作下去，既然这样，那还犹豫什么呢？

所以不到 30 分钟，就写好了一封中英文双语的邮件，基本涵盖了以下几个重点：

◆ 再次强调了我对于这个岗位的理解，重视和热情。

◆ 化解了对方关于我可能"不接地气"的顾虑。

◆ 明确我希望能长期在 D 公司发展并不断提升，并强调了对公司的信心和我的自信。

◆ 中英文双语的呈现方式也是强调有能力在跨文化的环境中进行高效协同与沟通。

以下截取了部分内容供大家参考：

第一，对于公司文化方面的顾虑。我知道对方是一家行事低调而且在中国高度本土化的公司，但我并不认为自己会有任何水土不服的问题，因为我之前的工作需要长期在中国各地出差，并与各地不同的营运管理团队合作；而目前的工作也需要我与不同背景的中方管理团队在很多层面进行互动。

第二，对于该职位独立性的顾虑。基于我对其职位描述的理解，该职位应该更像是一个为区域／当地管理团队提供专业内部控制支持的角色，而不是一个传统意义上汇报给公司董事会的内部审计，因此在汇报关系和工作职责上肯定有相应的区别，同时在与 CFO 的对话中我也注意到该职位除了发现问题之外更重要的是要能够提出有效地解决方案。所以我想对这一点的理解我们是没有任何分歧的。

第三，对于团队组成和出差频率的顾虑。我想说的是对于目前两个人团队的设定很满意，而且我也相信对于缺少人员管理经验的我来说这也是一个很好的开始。对于出差频率，我能够理解实际出差频率可能会高于职位描述上的比例，特别是在一开始熟悉业务的过程中。坦白讲，25%~30% 的比例对我来说是比较理想的，但不超过 50% 的国内出差依然在可接受的范围之内，因为这依然好于目前超过 60% 的出差频率（包括忍受长途国际航班和时差的折磨）。

综上所述，我相信这个职位对于我来说是一个不可多得的机会。如果可能，我希望能够和这家公司未来很长一段时间里一起努力，并取得成功。

这封信的效果还是立竿见影的，对方在不到两天的时间内就给予了正面的回复，随即安排了最后一轮跟美国总部一位平级关系管理者（Controller）的电话面试，虽然这次面试形式大于实质，但提前的准备工作依然非常重要，毕竟对方代表总部来跟你交流，沟通重点大概率不会是如何支持当地业务，而是总部的标准和要求如何在当地有效执行与推进，因此没有刻意去做太多的准备，但还是把目前做内审工作中关于一些政策宣贯，风险管理，以及一些内审项目如何有效推进的内容做了一些整理。由于是电话面试，所以面试的时候打开电脑并准备好相关资料待参考也是一个不错的技巧。

这轮面试通过，后面一系列的事情就非常顺利了，最后我在 2011 年年底拿到了录用通知书，确认在 2012 年春节后入职。至于小伙伴们肯定都很关心录用通知书的具体内容，这么说吧，月薪比之前增加了 35%，差不多 3.1 万元，目标奖金差不多是原来的一倍，大概是 2 个多月的工资，总的来说年收入差不多达到了 45 万元，对比当时已经在会计师事务所当上经理的前同事们，基本在收入上算是持平，但这个职位最吸引我的还是带人的机会以及行业前景。

二、稀里糊涂烧起来的三把火

2012 年春节后，带着无限憧憬去了新的公司，从上海郊县的工厂再次回到中央商务区（CBD）的办公楼。直到现在我还记得第一天上班的场景。我的老板，也就是之前面试我的 D 公司的 CFO，J 总带着我在办公室走了一圈，介绍了各个部门的领导给我认识，最后来到了中国区总裁 G 总的办公室，G 总大约 50 岁出头（后来才知道实际年龄比看上去大出不少），美籍华人，仪表堂堂，而且气场很强，介绍完后给了我一个强有力的"握手礼"并说了一句我自认为是鼓励我的话"欢迎加入，我们公司内部控制问题比较多，期待你能带来一些改变。"虽然我已经在努力地保持镇静，但面对这样的开场白还是不免有些惊诧和担心，特别是得知我的前任才做了 6 个月就辞职另谋高就后，不自然地在内心浮现出一些不太好的想法。然而，很多事情其实已经无法改变，还是既来之则安之吧。

熟悉工作的过程还需要一段时间，其中包括跟我职业生涯中的第一个下属见面。一个复旦毕业，在"四大"工作两年，长得高高瘦瘦的"85 后"女生 Red。第一次见面她就帮我把电脑领过来了，这也是人生中第一次在一家公司不是从信息部拿到电脑，心中对这个姑娘增添了几分好感。

入职后不久，突然接到人力资源部的一个电话，略带情绪地问我一个内部办公（OA）系统问题该怎么解决，我才恍然大悟地了解到原来这一块也是我的工作，而且还有一个归我管的第三方程序员的存在……

随着对各项工作和业务流程越来越了解，看到公司过去几年都能够有两位数以上的成长，产品的毛利率和市场占有率都非常高。感觉公司还是有发展前景的。与此同时，也发现了不少问题。但我所没有想到的是，为了搞清楚这些问题，却无意在公司里面点起了三把火。

第一把火：举报信和视频门

到新公司上班后的第一周收到了一封举报信和一个视频。来自某一门店的员工，称该门店的店长和助理经理一起侵吞营业款。作为入职 D 公司后的"第一案"，态度上还是比较谨慎的，毕竟自己是一个新人，处理如此敏感的事件，要涉及多方的沟通，稍有不慎可能就会出问题，为了方便大家理解，或给到大家遇到类似情况时有一个参考，此处简单讲一下具体步骤：

第一步：查阅公司是否有针对类似事件处理的标准流程。

第二步：对举报内容进行初步核实，包括视频的来源。视频中的时间、地点和人物进行确认，形成一个初步的分析结果，反馈给到你的直属领导。

第三步：将初步分析的结果反馈给关键人（Stakeholder）。根据 D 公司的要求，需要报告给财务负责人（CFO J 总）、法务总监、事业部总监，以及总部风险控制部门人员。

第四步：基于上述人员的确认和授权，制订应对计划，并启动相关的调查程序。

虽然上述流程看起来冗长，但我走完整个流程只用了不到 24 个小时，即下午 2 点收到举报后，第二天中午 12 点前就确认了后续的调查流程并成立了调查小组，第三天正式启动后续的调查程序。

由于在 B 公司从事过同样的工作，这件事情对我来说还算驾轻就熟，何况从专业的角度看，整个舞弊行为并不复杂，视频清楚地显示了相关人员不合规的行为，但整个调查的过程还是挺揪心的。

揪心的原因主要包括以下几点：

（1）D 公司虽然在中国业务发展很快，但过去发生类似的情况较少（或者暴露出来的问题比较少），所以尽管大家的配合度都比较高，但整体缺乏经验。

（2）这件事发生的城市，公司在那里没有固定的办公室，必须自己去找会谈的场所。

（3）由于整体内部流程和应用系统也是刚刚接触，很多事情还需要自己去摸索。

为了能够确保调查能够顺利进行，我们当时用比较便宜的价格在酒店旁边的"上岛咖啡"租了一个包间。基于之前在 B 公司的经验，整个调查流程的设计还是比较高效和严谨的，同时基于比较合理的面谈安排和还算完整的证据链，不到一天基本上就厘清了整个事情的经过。

这次事件最后的结果是 2 个店长和 1 个助理经理因为舞弊行为而被解雇。其中一个店长还是被认为是非常有前途的希望之星，这给公司高管层的震撼还是蛮大的，而这仅仅只是一个开始。

第二把火：项目经理的油和车

上一个项目刚刚结束，新的火就被点起来了，因为之前没有类似的内控程序，所以我让当时唯一的下属，也就是前文提到的 Red 调查相关员工的报销情况，结果发现一个项目助理每个月都会报销几千元油费，以及数千元的餐费，这些费用都是在某一个项目经理批准后报销的，而且金额几乎是固定的。出于职业习惯，我第一时间与人力资源部沟通并了解公司是否有相关福利政策，允许他本人可以按限额报销相应的费用。

由于该项目经理隶属供应链，供应链人事又是一个"嫉恶如仇"的资深女士，所以在我询问后如竹筒倒豆子一般把有的没的都说了，如她所说公司从没允许过这样的操作方式，而且这个项目经理个人操守多少有些问题。再进一步调查后发现，每次报销只有发票而没有任何明细与说明。最终的调查结果表明这些费用都是助理报销后再返给这个项目经理的。

从项目部门了解到，这位项目经理目前管控着一个预算上亿元的项目，了解到这里我开始不淡定了，多年的经验告诉我这背后肯定有很多千丝万缕的联系，真的让人细思极恐。我唯一能做就是把目前查到的东西向高管层和盘托出，让他们来做决定，最后的结果是这个项目经理卷铺盖走人，然而，在报销资料中查到的问题何止这一些……

第三把火：一口不该被揭开的锅

如果说上面两个项目算是个案，那这第三把火则是一口不该揭开的锅。这次是报销单据的核查，但重点是"销售"，看到这里估计无数做过销售的朋友会有共鸣。因为公司之前没有要求在报销的酒店发票后面附上水单，报销中自然带有不少水分。然而这些并不是重点，重点是在此过程中发现了很严重的出差作假，即很多出差其实并没有真实发生，因为部分拿来报销的酒店发票在其出差期间根本就没有营业，而这个问题就引发了另一个层面的思考，这样做究竟是为了谋取一些个人私利呢？还是另有所图？带着无数的问号，我和人力资源经理 L 姐（就是那位面试我的经理）一起启动了调查程序，由于前期问题较多集中在一个地区销售经理身上，所以就从他开始。

鉴于证据收集得非常充分，对方在面对这些证据时也没有抵赖，但给出的理由却让人很震惊，"我不是为了自己，而是为了补贴我的客户。"什么叫"补贴"？这从性质上讲就是行贿啊，而且这样的行为在很多同级别的销售经理身上多少都有。带着一手的调查材料回来找到了销售副总裁，向他汇报后，得到的第一反馈和处理建议居然是"毕竟他没有为了个人私利，有没有可能降职降薪留用呢？"听到这里我顿时感觉一盆凉水从头浇落，真是有了立马交辞职信的想法。好在后来公司财务主管、法务主管和人力资源经理都全力支持我，而高层管理者也对我给予了充分的肯定，总算是平稳了下来，而此事的结果就是把这个被证据确凿的销售经理给扫地出门。

多年以后，我一直在思考一个问题，就是：究竟是什么给了我向"恶势力开战"的勇气？

◆ 是入职第一天 G 总的鼓励？

◆ 还是我在之前两家公司工作时所形成的惯性认知？

◆ 抑或我真的觉得坚持价值观比一份工作的安全感更为重要？

虽然对上述问题没有绝对清晰的答案，但三把火烧完后的变化还是比较明显的，基本上可以说是取得了两个效果：

（1）越来越多的人意识到游戏规则该改变了。

（2）我在公司内部的存在感越来越强了。

虽然说通过以上这种处理问题的方式建立起了所谓的"江湖地位"让人有所不甘，但后面的事实清楚地告诉我，这三把火可能奠定了我在这家公司后面所有一系列发展的基础。

三、从大刀阔斧到稳步前行

相对年初加入 D 公司时的"大刀阔斧"，下半年的整体节奏应该更适合"稳步前行"。通过上面的这几件事,虽然收获了一波来自部分人的"负面情绪值",但至少在专业能力和执行力上得到了整个公司管理层的认可。客观问题仍然存在,如果要想做到"标本兼治",那么接下来就是如何把公司的整理内控体系搭建起来。

全面修订了差旅政策

这件事情放在任何公司都是很敏感的,一方面面临要改变很多人的商务习惯,另一方面也会影响到部分人员的自身利益,但由于之前三把火烧完多少还有一些影响力,所以借着这样一股力量,我在半年内把这件事情给做成了,并且把自己的名字留在了政策栏的首页。除了刚才说到的三把火留下的"余威"之外,现行的差旅政策的确存在不少漏洞和风险,我做了一些简单的整理,见下表。

现行差旅政策的问题和风险

问 题	风 险
出差要求提前审批,但实际操作中可以后补流程	大量出差都出现后补申请的状况
报销只看发票,不要求提供明细(比如酒店住宿水单)	所有人都按照住宿标准报销,而不管报销项目是否合规,或者通过高额发票进行套现
未对出行航班有折扣要求	所有人都以方便改签为由订全价票
公司协议酒店偏少	是否出差与入住的真实性很难追溯
统一出差餐标,按出差天数和限额报销	看似餐标很低,但从未执行实报实销,公司餐费报销成了一种福利

由于修订差旅政策会涉及很多人的利益,所以在调整和优化过程中是需要有一些考量点的,而在 D 公司修订政策的过程中,我主要考量了以下几个标准:

(1)全面并具备可操作性。

(2)灵活而不失控。

(3)不影响感受和体验的前提下,降低成本。

为了达到上述三个标准,我先后花了很多时间与各个部门的领导进行沟通,当然也跟 J 总和 G 总进行过交流,毕竟是自己着手起草的第一份全公司的政策，所以谨慎还是非常有必要的，更何况不同的人考量的重点也不一样，为了说明这一点，我整理了一个表格供大家参考，见下表。

修订差旅政策涉及的各部门领导

职能 / 考量	降　本	提　效	控风险	团队和谐
总裁 G 总	***	*****	***	***
CFO J 总	*****	***	*****	***
人力资源总监	***	***	***	******
法务总监	***	***	*****	**
业务总监	**	*****	**	****

说明：* 的数量说明影响决策的重要性。

　　由于不同职位的不同考量，所以政策制定和推进的有效性很大程度上在于不同关键人之间的平衡，G 总作为"签发人"，肯定是政策确认的最后一关，但之前少不了和上述所有人逐一沟通，其中的具体细节不再赘述，就之前发现和提到的一些问题，整理了一些主要的修改内容和应对方案，见下表。

差旅政策主要的修改内容和应对方案

问　题	风　险	修改方案
出差要求提前审批，但实际操作中可以要求后补流程	大量出差都出现后补申请的状况	系统申请可以后补，但必须提供能够证明出差得到批准的证据（如微信，短信确认）
报销只看发票，不要求提供明细（比如酒店住宿水单）	所有人都按照住宿标准报销，而不管报销项目是否合规，或者通过高额发票进行套现	所有住宿发票必须提供水单，严禁住宿不提供水单的酒店
未对出行航班有折扣要求	所有人都以方便改签为由订全价票	对出行可选择的时段进行了要求，并要求订票方提供出行计划前后两小时范围内的最低折扣机票
公司协议酒店偏少	是否出差与入住的真实性很难追溯	接入第三方平台，提供业务可触达范围内的酒店清单
统一出差餐标，按出差天数和限额报销	看似餐标很低，但从未执行实报实销，公司餐费报销成了一种福利	实报实销与限额报销（津贴）二选一，限额报销额度降低，实报实销额度升高，报销额度根据级别差异化调整

以上这几处关键调整得到了大部分部门主管的认可，因为尽可能考虑到团队间不同的诉求与平衡，最终结果还是让人感到欣慰的。虽然之后几年内这份差旅政策几易其稿，但骨架就在那里了，现在想想还是很有成就感。

制定了关键业务流程的审计程序

前面说过，这家公司的业务模块十分复杂，有类似餐饮连锁的门店管理，有生产制造的供应链，还有零售业务。每个业务板块虽然互不统属，却相互之间有着千丝万缕的联系。所以必须在大框架确定的情况下，抓住主要矛盾步步推进，具体来说就是基于刚才提到的三大板块来制定标准流程。虽然前任已经留下了一些基础，不算完全的"从零开始"。又恰逢那一年 D 公司正好升级企业资源计划（ERP）系统，流程上也有一些"待完善"的地方。

就这样一步步把内控程序，以及对应的标准运营程序（SOP）搭建了起来，找到需要的重点关注区域。换一句话说，就是在业务流程调整后我们需要定义出新的问题和风险，并且评估现有的控制程序和资源是否足以覆盖这些问题和风险。关于额外资源投入后是否能得到合理的产出，这个逻辑其实不算复杂，毕竟公司升级 ERP 系统也好，进行流程再造也罢，目的都是为了能给未来的业务发展提供支持，把整个市场规模做大。而积极地参与这些流程的优化，客观上对我的帮助也非常大，不但能在快速融入业务的过程中找到新的风险和问题，也为后续个人和团队的发展计划做好提前的准备。

一波三折的"加人"操作

工作内容逐渐梳理清楚了，职责范围也在不断扩大，团队人数的增加也就成了一件顺理成章的事，但无论在哪里，加人永远是一门艺术。之前讲过，当时我只有一个下属 Red，包括我在内两个人，要照顾整个中国大陆将近 30 亿元的生意，虽然对标同类企业人数非常少，但这并不是公司可以给你加人的理由。

在企业里，我们经常能够看到有些人一天忙到晚，而有些人却相对看着比较清闲，所以永远都不能以工作压力和工作量大作为要人、要钱或要资源的理由。而在当时的情况下，如果只局限于眼下的工作范畴并维持下去，应该是可以不需要加人的，但如果要实现个人和团队价值的进一步提升，就必须有更多资源的支持。那么问题来了，我们必须要给老板一个合理的理由，这个理由是否出于"关键业务流程风险管控"以及"进一步实现价值创造"的需要。而前面我所说针对被设计出来的业务流程，存在哪些需要被管理的风险，以及对应可以被量化的价值，就成了关键。

经过一番努力，特别是对于风险管理的必要性和价值做了多番剖析后，我终于说服了 J 总，在那一年的年底成功地在一年后从一个下属增加到了两个下属。可能很多人会说，数字从一变成二其实没有多大的差别，在这里必须要强调一下，这里面的学问可是非常大。因为从一到二，作为团队领导者就要学会"平衡管理"，要考虑到因为工作分配，升职加薪，以及各种与工作量和薪资福利有关的改变所带来的影响。如果你仅仅将其看成多一个人帮你做事，你可以更加轻松，或者权力变得更大，那就太过于简单与肤浅了。

确定了加人，下一步要解决的问题就是人从哪里。D 公司在 2012 年升级了 ERP 系统，某些岗位职能进行了部分优化与调整，优先考虑的是能否从内部转岗。由于前期已经有了一些意向收集、调研与评估，所以了解到当时其他团队也有比较合适的同事想要转过来，且对方主管也乐见其成。

本来以为这件事情基本就这么定了，但在之后几次和 J 总的交流中发现，他似乎并不认可这样的处理方式，他提到公司的一个财务系统项目组要解散了，有一个全职的项目组同事是不是可以到我的团队来。最后还很诚恳地来了一句，决定权在你，不行也不要太勉强。

客观地讲，J 总提到的这位同事并不是我心目中的最佳人员，因为她年龄相对偏大，学习和提升的空间受到一定限制。此外，还不在一个地方上班，沟通和协同并不方便。但当时我还是想了一下后对 J 总说："我跟她聊一下，然后一起做一个项目再决定吧，如果合适当然是最好了。"

2 周之后项目结束了，我跟老板汇报说，她是合适的，虽然还有不少东西要学，但应该问题不大，感谢老板推荐和信任！这件事情就这样告一段落了。

这件事对后续的影响，是在年底绩效评估的时候，老板在年终评估中给了"你的包容性很强，有带领多元化团队的潜力"这样的评价。而通过这件事，让我对"优秀的领导者需要有更强的包容性"这句话有了更深刻的理解。

四、复盘与总结

其实这一年算是个人职业发展中一个比较大的跨越。总体来说付出、成长和收获都是不少的，而且处处充满的"新"的挑战。下面围绕个人成长、职场建议以及下一步的规划三方面做如下总结。

个人成长

新阶段：首先通过一家新公司的工作，让我实现了从个人贡献者转型为团队领导者的变化，结合之前章节曾经提到的财务人员职业发展的四个阶段，相当于从第二阶段的专业级向第三阶段管理级的跨越。多年以后回想起来，这依然是我个人职业发展非常关键的一步。

新挑战：从上述的文字中，大家应该不难感受到，这个"新阶段"的起步充满了诸多挑战，与之前不同，从专业级迈向了管理级，有了一定的决策权，但同样承担了更多的责任，而在权与责之间，如何做好平衡，如何调整节奏，就显得非常的关键和重要。

新职能：作为内部控制的负责人，能主导创建或修订一些公司层面的制度和政策，对于个人影响力的提升还是有积极影响的，但在大公司推动任何内部流程的改变肯定会涉及方方面面的利益，所以本章中给大家推荐的几个重要考量点也是非常值得借鉴的。

新团队：关于带人。加入 D 公司后，我有了直接下属，并且在一年内还增加了团队成员。虽然两个下属没有一位来自自己的主动选择，这对于刚刚开始"带人"的我来说的确也是一种挑战。可以说这也是一种，"职场包容性"的提升。

职场建议

放火需谨慎：虽然我通过"三把火"奠定了所谓的"江湖地位"，但这种做法其实是比较"危险"的。我最终能"平稳降落"，其中运气成分还是不少的。

在此给大家的建议是，如果遇到涉及一线业务团队级别较高人员，还是应当保持比较谨慎的处理方式。如果一定要处理，建议务必在掌握充足证据的前提下，根据实际情况将对应事件定性为"个案"而非"普遍现象"。

坚持"积极主动"：这一年的经历有一点特别值得分享，就是始终坚持践行着高效能人士七个习惯的第一条"积极主动"。在交付能力可以保障的前提下，不断给自己增加工作量和主动寻找工作内容。怎么说呢，从性格上我特别不能忍受闲在那里混吃等死的感觉，然而在外界压力不是太大的情况下，这在很大程度上成了一个由内而外的自发行为。

最小与不断：在具体工作开展，尤其是推动变革的过程中，往往会遇到来自各个方面和不同层级的各种需求，从而导致项目推进受阻甚至困难重重。而掌握一个原则可能对你很有帮助，即尽可能减少对他人的影响，并不断地在自己现有边界上寻找突破口。

经过整整一年的努力，基本实现了在新公司、新岗位第一阶段的目标，完成了团队的整合与工作的磨合，并通过发生的一系列事情，在组织内部具有了一定的影响力。

转眼新的一年很快到来，其中重中之重就是 2013 年即将由全球审计团队对中国区进行的审计项目，这既是三年来总部第一次对中国团队的审计，也是 ERP 全面审计后总部第一次对中国团队的审计。在这样的大背景下，对于"审计结果"，无论是 G 总，J 总还是各位中国区的高管们都表示出了"高度的重视"和"一丝丝的担心"。而如何做好准备工作，并最大程度上交付一个好的审计结果，则成了我在下一年的工作目标。同时，如何帮助业务快速增长，转型和变革过程中控制好风险也成为我在 D 公司下一阶段的主要任务。

2012 年底，32 岁，月薪 28 000 元，年薪 42 万元，D 公司中国区内控经理

第八章
（2013）考验与彷徨——成为真正的"管理者"，徘徊中的下一步

关键人物：

◆ J 总——D 公司大中华区 CFO，我的直接主管。

2012 年，开启了从专业级到管理级的跨越，第一次真正意义上的直面业务部门的挑战。

适应了新的角色和岗位之后，2013 年对我来说则是经历了一个全新的积累与成长过程。毕竟作为一个团队管理者，就个人对组织的重要性和影响力而言，要比个人贡献者（业务骨干）大得多，同时需要承担的责任也更大，需要考虑的问题也会更多。

事实上，上一章所提到的一些"工作成果"更多还是来自个人的贡献，但管理者的核心价值却在于如何带领团队，以及协同跨部门的资源来取得业务目标的实现。

一、经历"大考"后的成长

三年来的第一次审计

2013 年的审计项目是全球总部的内部审计团队对中国区整体业务进行的审计，而为何说这是一次不同寻常的审计呢？

原因如下：

◆ 这是 D 公司中国区近 3 年来的第一次全球审计。

◆ 也是在 2012 年年中刚刚切换 ERP 系统后的第一次审计。

◆ 同时是我本人第一次作为被审计单位的协调人来支持审计团队的工作。

审计的时间安排在 4 月初，但审计通知早在 2012 年的年中就已经下发了，

所以准备时间会很充裕。但由于上一年新系统上线的原因，内部业务流程上一定会发生比较大的变化，而作为被审计单位，要想在短短的半年时间内完成流程的梳理和全套内控文档的整理是几乎不可能实现的一个目标。

我跟 J 总开诚布公地说出了我们顾虑，并由 J 总驱动后续与整个 D 公司的管理层的快速共识，既明确当下的客观问题，以及如何积极与我配合来应对这次审计（考试）。

有了这样的支持，后面的执行相对就简单了不少。总的来说就是，通过采取"以终为始"的策略，凭借自己多年与美国内审团队打交道的经验，预估出总部内审团队的关注重点，并以此作为内部准备和沟通的重点，通过以点带面的方式层层推进业务端的配合。

这样的做法可能有一些"投机取巧"之嫌，相当于你面对一场考试，到底是选择"押题 + 题海战术"，还是体系化地完成课程学习的方式。而我当时选择前者的原因也很现实，就是当时的情况根本没有资源和时间来选择后者。

只有一张纸的报告

由于做了比较充分的准备，所以整个审计过程没有太多值得赘述的内容，简单总结为以下三点：

◆ 保持跟审计团队持续有效的沟通。

◆ 前期资料提供做到有问题及时反馈与解释。

◆ 关于数据的口径差异，地区和总部执行标准差异等问题也能够尽快达成共识。

在此，还可以分享一点心得，就是对于大部分外企来说，总部定下来的标准流程，在不同的地区总会存在一些执行上的偏差，也就是说在本土化过程中会遭遇不同程度的"水土不服"。为了避免把这些差异演变成为审计报告上的问题，最好的方式就是从"风险"的视角出发来解释问题。说白了就是，我没有执行总部标准的原因主要在于，因地域差异，总部标准执行起来耗时耗力，而且即便不做，经过我们的评估与判断，不会产生无法承受的"风险"。

当然这种方式不是万能的，毕竟未执行统一标准是客观存在的情况，而且这种沟通还在很大程度上受制于你个人的语言能力，以及对方的理解能力。

所以这招不行的时候，还有另一招，就是对任何现场审计工作时（常规来讲，从到现场开始审计到结束最长不会超过两周时间）的审计发现都能及时跟业务部门沟通确认，并争取可以在第一时间给出解决方案。

这样一来，审计发现的描述往往就会像下面的文字：

"这个问题的风险在于当地公司的做法与总部不一致，虽然没有太大的风险，但没有一个成文的规定或标准流程作为参考标准，截至报告发布之前，公司已经制定并发布了对应了政策对相关缺失的流程进行补充。"

针对审计报告的具体描述，我们可以要求审计团队进行修正和调整。算上前期的准备，现场工作，以及后续的跟进，应该说从 4 月初~5 月底的那段时间还是非常忙碌和充实的。

令人感到欣慰的是，最后的审计结果超越了大部分人的预期，作为一个年度销售额数十亿元人民币规模的地区事业部，所有的审计发现和问题汇总有只有一张纸，且没有任何重大审计发现，最终的审计评价也是拿到了全球审计评估的最高等级，也是 D 公司中国区有史以来得到的最好成绩了。

关于取得更好结果的方法

除了上述分享的内容外，可能大家会比较好奇有没有什么取得更好内审结果的诀窍，我总结了以下几个方面：

（1）管理层的重视和统一认知，形成自上而下的共识，可能一线基层人员不知道内部审计结果真正的意义是什么，但大家都清楚如果结果不好会"很麻烦"。

（2）基于第（1）点，把相关责任有效落实到个人，并细化职责内容，规定交付的时间，这也是用项目管理的思路运营整个审计的过程。

（3）以最快的速度向内审提供所需要的资料，并对有疑问的内容进行及时沟通。虽然审计团队中也有当地聘请"四大"事务所的顾问，但还不足以在短短两周时间内发现一些太深层次的问题。当然，核心还是在于你提供的资料和数据复核"真实有效"与"程序正义"的大原则。

（4）如果可以在内审报告发出前解决审计问题，那就一定不要耽误时间，千万不要让对方觉得对内部审计的建议无所谓、不重视，这个是态度问题，必须保证态度正确。

（5）掌握好审计发现的"度"。说实话，让审计团队查不出问题是不可能的。如果审计团队查出的都是一些"漏签名""少附件"或"缺日期"之类的问题会让人质疑其专业性，但若查出你有导致重大风险的系统性控制缺失，也是当地管理层所不愿意接受的，因此这里面一定要掌握好一个度。

（6）现有的公司业绩情况以及总部对于管理层未来的预期。公司如果处于一个高速发展时期，长期以来表现出色且可交出漂亮的业绩，同时管理层又深得总部的信任，一般审计只是一个辅助性的工具，反之则需着重注意（后来的经验告诉我这一点尤为重要）。

（7）最后一点，就是建立起你与内审团队的同理心。说到底就是经常跟他们分享你之前的工作经历，以及对于总部标准和价值观的认同。一方面让对方知道我们曾经是同路人，产生一种惺惺相惜的感觉，另一方面就是让对方相信你做的一切都是出于公司长远利益的考量，建立信任。

这里我想举一个关于加班的例子。

我所在的外企公司对于《中华人民共和国劳动法》（以下简称《劳动法》）等相关法律所规定的一些条款会高度关注，其中经常较真的就是加班问题。比如《中华人民共和国劳动合同法》要求合同制的员工每个月加班不得超过36个小时，否则雇主企业将会收到调查与一定程度的处罚。

D公司由于业务存在明显的淡旺季，所以工厂的员工经常会加班超时，但D公司从来不会克扣员工的加班费，更不会因此而偷逃个税，不过的确有时候单月的加班工时会大幅超出《劳动法》规定的限额。当时内部审计团队就试图以"D公司在工时管控上存在与当地《劳动法》规规定不一致的执行标准"的描述来撰写审计发现。如果真的这样写，那后续对于中国区的管理层就是一个需要徒增很多解释与沟通成本的问题，但内审团队的描述也是事实，所以我们当时沟通时，希望将此事所可能导致的风险进行更加"公允客观"的描述，避免"关键信息被误读"。比如有多大可能被政府处罚，或者即使在低概率的情况下被处罚，最坏的结果又是什么？

成为一名真正的管理者

从结果上来看，这次内审对于中国区来说应该是非常成功的，作为大中华区总裁的 G 总也在管理会议上当着所有公司高管的面对我进行了感谢。也就是在这件事情后，我开始感受到，自己开始也从一位个人贡献者，转型成为一位真正的团队管理者。原因其实很简单，就是通过内部审计这个项目，做好了以下三件事。

（1）超额实现对组织承诺的目标。

年初提交个人年度目标前，J 总给我分享了他的个人目标，明确了这次的总部审计达到"满意"级别，最终那一张纸的报告所对应的结果却是最高级的"卓越"，自然就超越了一开始的预期。而 J 总也顺势在召开大中华区管理层会议时向其他地区的财务总监分享了结果，并推荐我未来可以在内控和内审层面给予他们支持，同时也间接为后续进一步职能拓展和个人发展做了铺垫。

（2）量化出团队伙伴的贡献。

当一个项目取得了一个令人满意的结果，作为管理者如果过于强调自己的重要性，是非常不理智的行为，因为这会被视为是缺乏"领导力"的表现。当然也不能在没有任何事实依据的情况下，为团队伙伴去"编造贡献"。所以，在基于对团队伙伴能力有一个客观判断的前提下，分配合理的任务，将其对应到可以量化的结果，则是一个管理者需要在项目开始前就计划和考虑好的任务。协同跨部门的资源，实现双赢。

一个令人满意的审计结果，除了作为主要责任人的我能够受益外，对所有的业务部门都是一个"利好"与"认可"，反之就是额外的"压力"与"负担"。所以无论是一开始通过 G 总去强调重要性，还是与管理层的多次沟通，都是为了能够达成上述这一点共识。作为项目负责人，在协同各部门资源过程中所间接形成的影响力与信任感，则会作为一种"财富"沉淀下来。

上面这些就是我对这次内审项目的一次总结，也算是我真正面临一名管理者的"大考"。在这样的大背景下，结合前几年 D 公司的业务发展速度，相信我在这样一个岗位上一定会有非常不错的发展预期。但也就是在这一年，公司的业绩却发生了一些不是特别好的变化，并因此而出现了本章标题中所描述的"彷徨"。

二、来自业绩的波动和挑战

随着电商的全面崛起，传统的零售渠道在 2012 年前后开始面临着各种挑战与调整，那些被快消巨头们称之为"现代渠道"的大型卖场和超市，其实已经出现了顾客年龄层老化，流量减少，成本上涨等一系列问题。

对于在 21 世纪前 10 年依托这些渠道实现快速销售增长的快消企业来说，自然也就同样面临着渠道费用的提升，终端回转减缓等各种问题。而这些问题，无一例外发生在了 D 公司中国区的业务身上。其实这些问题从财务和业务的层面很早就开始进行分析，也早就定义清楚了风险和机会点。比如需要加快和加大在电商渠道的投资，并通过社群化的方式来运营产品和用户，从而增加客户的黏性。

然而，虽然电商的发展速度在中国很猛烈，但从全球来看影响依然甚小，所以一方面很难在技术、系统和资源上对于中国区业务增长给予更多的支持，另一方面依然应对资本市场的通盘考量，对中国区提出了保持双位数销售和利润增长的目标。

关于这一点，我对于背后原因的思考是，中国区虽然在前 10 年内增长很快速，但在整个全球的体量中的比重还是没有达到让总部改变整体企业发展策略的程度，而在很大程度上，也是因为这个原因，让 D 公司在中国损失了一个通过第二曲线实现自我迭代的机会。

当然，作为把公司规模一路做大的当地管理层也不可能"无所作为"，在此期间也是想了很多新的方法，包括请全球最顶级的咨询公司来帮助重新规划销售团队的组织架构和权责，同时加快了新产品的生产与落地，在业绩遭遇挑战的情况下也是做出了不少亮点工作，但整体来说还是基于原有的框架上修修补补。此外针对平均年龄超过 10 年的一线业务团队，也暂时下不了决心或没有能力去做出大刀阔斧的调整。

面对客观现实，想要在接下来几年中依然保持之前的增速与盈利能力，基本上是不可能了，虽然入职还不到 2 年，作为一名 30 岁出头的职场人，不得不再次思考个人在 D 公司以及未来个人的职业发展。

三、关于新发展阶段的彷徨

我在 2013 年没有跳槽和升职，但其实我对于升职还是有一些期待的。原因有二，一是由于 2012 财年的年终评估结果不错；二是我自认为对内审的结果有功，所以其实还是挺期待能够在 2013 年底得到晋升。

读到这里可能有人觉得奇怪，你不是 2012 年刚通过跳槽升职加薪了吗？怎么这么快心思又开始活络了？其实对于 30 岁左右，处于一个管理岗位的外企中层来说是再正常不过的事情了。毕竟这个不上不下的年龄，属于一个不进则退的阶段，如果随波逐流几年，不要说更近一步变得遥不可及，就是安于现状都会很难。

然而，中层岗位要升职难度自然大大高于基层岗位，而这又与外企比较特色的绩效评估流程密不可分。

外企的绩效评估流程

D 公司财政年度从 6 月开始到下一年的 5 月结束，而这个节奏也与向海外证监会，以及市场发布财务信息的节奏是一致的，所以一般会安排在每年 3 月或 4 月完成下一个财政年度的预算，同时也会在这个当口上完成年底的绩效评估以及下一个财政年度的个人目标。由于财年和日历年度不一致，所以大部分的升职加薪以及薪资调整都会安排在每年的 6 月进行，此后会在每年的 9 月针对一定职位（一般为经理级）以上的人员要求完成个人发展计划（简称 IDP），并在 12 月时进行年中评估。

整个绩效评估流程，如下图所示。

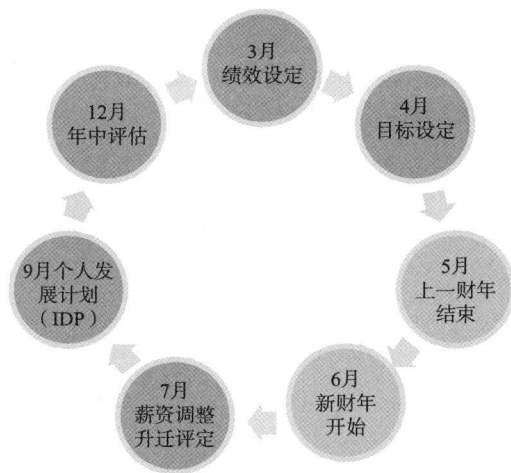

外企的绩效评估流程图

可以摆上台面的"潜规则"

之前说过很多次，外企的生态非常强调"程序正义"，却不会对所有流程和标准都白纸黑字写得明明白白。比如，对内部晋升这件事情，从来不会说一年只有一次机会，但在非晋升评估阶段却鲜有成功的案例。对加薪永远只说建议的调整比例，但执行中一旦超过所谓"共识"的标准却是难上加难。

由于我入职时间是 2012 年的年初，到 2013 年 6 月，整体司龄还不满 2 年，这对于经理级别以上的岗位来说，升迁的速度还是有点过快的，所以我没有奢望过在这个时间获得升职。

不过也许是入职后的一系列表现得到了认可，J 总除了在平均调薪幅度 6% 的情况下给我加薪接近 10%。还在年终评估对话的时候，希望我能在 9 月做 IDP 时候能有更加清晰与明确的目标，以及把个人未来的职业发展与公司的战略目标能进行关联。

在这样的背景下，我就在后续关于 IDP 的讨论中，加入了关于未来希望能进一步扩大职责范围的想法。换一句话说，也希望能够在职位上获得进一步的提升。

J总看到后说能不能具体一点，我就顺势提出，是否可以把职责扩展到大中华区作为下一步的目标。J总当即也表示认可。

整个过程其实本质都是在谈升职加薪的事，但半句话没有提到这四个核心敏感字眼，并在愉快和谐的气氛中完成了下一步发展计划的交流。而我也感觉2013年底的升职似乎是顺理成章的事了。

务虚和务实还是要分清楚

但现实却并非跟想象中一样美好。我想做过IDP的人都知道，它在大多数的时候就是一个"大饼"而已，相对于年终评估等实实在在跟数字相关的内容，IDP更接近于"务虚"。任何IDP层面的交流，一般不会跟实际人员的升职加薪和发展有必然的联系。

然而，由于和J总的交流，却让我对升职有了期待。同时，在入职这段时间内，看到原本跟自己平级的人升职而感到的同级压力以及那一丝横向比较后的不服和失落，这种感觉随着2013年底的临近越发变得强烈。其实这种场景大多数但凡有企图心的人都会遇到，特别是在因为一些外部因素导致了自己对自身产生了与实际情况不符的预期时，就会在心态上失衡。

时过境迁再回首这段往事很多具体的事情已经记不清了，但依然能发现很多自身的不成熟和问题点，其中就包括脑子里终日充斥着诸如"这里不认可我的价值，我应该找另一份工作"，"这个公司发展也遇到问题了，离开也许是更好的选择"，"不如我的人，工资却都比我高，我为何要在这里浪费时间"这样的想法。与之前某一份工作不同的是，此时此刻的我，已经不再会让个人想法去影响对于工作的专业态度，也不会轻易向他人透露自己的真实感受，也许这就叫成长吧。

时至今日，每次遇到类似的问题时，我首先想起的还是这段经历，因为之后发生的事情告诉我，这个世界上缺少的永远不是机会，而是能够坚持认真地做好自己和跳出舒适区的勇气。

四、复盘与总结

"非日常工作"的挑战

整个 2013 年到这里就告一段落，相对来说没有特别大的变化与波澜。最为重要的是来自全球内审团队的"大考"，也就是这次"大考"让我成为一名真正的管理者。下面是我对于"管理者"的一些思考。

千万不要把工作中的一些"非日常工作的挑战"看成一种负担。如果能调整好心态，努力去达成超越预期的结果来证明自己，一定能成为你职场发展的加速器，而在年轻的时候去面对，失败的代价会越小，收益也越大。

"岁月静好"与"安于现状"

作为一个中层管理者，虽然不能对公司的发展产生太大的影响，但这觉不是你不关注发展方向和宏观环境的理由。作为过来人，我的感觉是，在 30 岁出头的年纪，即便度过了职业发展的早期阶段，但依然存在不少可能和空间。如果在"岁月静好"的状态下选择"安于现状"，那结果很可能就是在暴风骤雨来临之际无处躲避。

关于本章为什么提到业绩波动，大概因为从这段时间开始，外资企业基本告别了在中国市场的高速成长期，不少企业进入了"收缩期"，有些企业则进入了"守成期"。当时的我从没想过有朝一日会离开外企，但我的确是从那时候开始，对外企未来是否能持续在中国市场保持快速增长，以及持续加大投入产生了怀疑。这也许是未来促使我离开外企的一个因素。

珍惜每一次组织对你评价的机会

为什么这一章会讲述 D 公司整体绩效评估程序，就是希望各位朋友千万不要觉得我说的这些流程都是一些"华而不实"的东西，这些流程对于个人的意义与结果很大程度上取决于你的认知。尤其是个人发展计划，对于任何一个人来说，通过书面方式向公司和组织表达个人职业发展诉求的机会都是很难得的。即使最终实际的情况和预期有差异，至少也能重新对自己进行一次比较完整的复盘和规划。

不知道是不是这种天生"爱折腾"和"不安分"的性格，2014 年我又一次迎来了变化，面临新的选择。

2013 年底，33 岁，月薪 31 000 元，年薪 46 万元，D 公司中国区内控经理

第九章
（2014）机遇来临——选择、信任与斜杠

关键人物：

◆ J 总——D 公司大中华区 CFO，我的直接主管。

◆ M 总——D 公司高管，我在 D 公司的辅导员。

◆ C 女士——某财税培训公司产品总监。

第一季度 D 公司的财务部门发生了一些变化，主要是一位事业部的财务高级经理 Jeff 轮岗去了美国总部，从而引发了其他几位财务中层管理者的轮岗，但对我个人而言却平淡无奇，而真正的改变则源于 4 月份一次休假中所接到的一个电话，对当年乃至此后的几年产生了极大的影响。

一、无心插柳的面试

我是 2012 年年初加入 D 公司的，本着在一家公司必须要做满两年的"执念"，所以在 2014 年之前几乎拒接了所有的猎头电话，即使有接，基本上也只是简单了解一下行情，维护一下关系而已。

让人动心的机会

2014 年 4 月在三亚休假期间，偶然接到的一个猎头电话打动了我，其原因主要有以下几点：

（1）这是一家国际药企的职位，从大环境来看药企的发展前景还是非常不错的，而且整体的薪资水平也是大幅超越现在的快消行业，通过这一点可以推导出：这个工作机会可以带来不错的收入水平提升。

（2）这是一个合规高级经理的职位，而这家公司在 2013 年期间发生了"合规大事件"，并因此其企业合规治理在这期间被抬到了一个史无前例的高度，

所以这份工作还能带来相对稳定的职位安全保障。

（3）由于之前药企的招聘条件相对封闭与严苛，市面上也流传着各种关于药企人普遍存在自我感觉良好，且主要都是内部岗位流动的传说，外招基本都需要相关行业背景，也是由于上述第（2）条所说的医药圈大事，所以在2014 年才开放其他行业的人员加入。

基于上述 3 点，同时在结合收入水平和团队状况做了下比较我 2013 年年底的收入水平情况如下：

月薪 31 000 元；年终奖金 2~2.5 个月；税前薪酬 45 万元左右。

通过与猎头初步的沟通了解到，这个职位差不多可以给到 60 万元 / 年左右，月薪可以加到 36 000 元，基本上可以实现 30% 的涨幅。单纯从职位和收入的提升上来看，这个机会的确非常诱人。

让人难以拒绝的岗位

基于比一比和想一想的原则，尤其是在难以抉择的时候，我是通过下面这个工具，来综合判断一下当时两边职位和薪酬，以及团队等情况。

目前工作与新机会的对比，见下表。

目前岗位与新机会的对比

对比项	目前公司	新公司	变化（正面）	变化（负面）
公司	外资食品 D 公司中国区	外资药企中国区	医药公司前景更好	无
职位	中国区内控经理	中国区合规高级经理	级别上有提升（高级经理）	职能上会变得更聚焦（变窄）
薪资	税前 45 万元左右	税前 60 万元左右	30% 左右的增长	无
发展	1 年内有机会升职，但存在不确定性	2 年内大概率稳定在这个岗位上	无	可能损失在 D 公司的发展机会
汇报对象	大中华区 CFO	中国区医药事业部合规官	无	从老板的汇报级别来看有所下降
带领团队	两个人	三个人	差异不大	
业务发展	短期内增长受到影响，未来发展存在不确定性	业务长期看好，但短期受到合规事件的影响和挑战	无法做出直观判断需要进一步权衡	

基于上述这张表格的分析对比，应该说是更有助于做出决策，但除了更高的职位和薪资外，离开 D 公司的机会成本也不小，为方便理解，我将上述表格中离开 D 公司可能导致的负面影响做一下解释说明：

（1）职能上会变得更聚焦（变窄）：相对来说，内部控制由于关系到企业经营管理的方方面面，所以涉及面更广，触达的业务部门和流程较多，而合规则更偏重政策的制定与宣贯，更加贴近战略层面，但可能深入一线的机会变少，同时对未来进一步向财务总监和 CFO 的发展方向上可能会受到限制。

（2）从老板的汇报级别来看有所下降：这涉及外企在华的对应架构问题，一般规模较大的外企，都会在集团架构下设置若干个事业部，所以从级别上来讲，J 总的级别应该与那家外资药企中国区的合规官平级。所以，虽然这个"中国区合规高级经理"隶属于这家药企最大的事业部，但事实上到中国区合规官还有两层汇报关系，而这一点对于还在职业上升与发展期的我来说，是不得不考虑的问题。

虽然有着诸多顾虑和考量，但毕竟机会难得，所以在一番权衡后还是同意让猎头安排了面试。让我有点小意外的是，面试的安排和通知到得特别快。

前后总共两轮面试，第一轮面试官是该事业部的合规官（直接汇报对象，东南亚华人），虽然是不同的行业，但整个过程中几乎感受不到任何压力，可能是跟我之前综合性比较强的调查和反舞弊的经历有关。而我也比较试探性地问了他最近合规大事件的一些情况，他也非常坦诚地跟我分享了当时的一些经历，并强调他本人虽然在此事的调查发生前入职，但整个事实是在他入职前就存在的，而整件事情发生过程中他和他的团队也进行了非常积极地应对，对该医药公司未来在中国的发展还是很有信心的。

第二轮面试安排在之后两周，面试官是大中华区的首席合规官（英国人），居然还是来自我当年在英国留学的城市，可想而知这类似老乡攀谈的面试过程是比较顺利的。面试结束后录用通知也出得很快，虽然是口头录用通知，我基本上没有对其真实性产生怀疑。说实话，虽然之前我曾经对两份工作进行过各种比较，但在接到录用通知书的那一刻，看到了对比现在的岗位有 30% 年薪的涨幅，的确是有一点兴奋的，所以在猎头口述完录用通知书的内容后，我基本没怎么考虑就接受了。

然而就在顺理成章即将换另一份工作的时候，意想不到的情况出现了。

二、峰回路转又一村

两连击后的犹豫

按照正式的流程，口头确认录用通知后对方会邀请你去公司签署正式的录用通知书，从而执行内部的入职流程。一切都很顺利，但就在签完录用通知书离开对方公司后，手机上收到一条短信，短信内容是"这家公司之前的合规案件已完成了刑事侦查，正式移交检察机关"。

短信的内容没有太多出人意料的地方，而且在此之前，猎头也好，对方的人事也罢，已经多次就此事给我进行了铺垫，所以虽然内心产生了一丝涟漪（毕竟刚签完录用通知书就收到这样的短信，感觉还是很奇怪的），但当时并不以为意，签完回到 D 公司就通过电子邮件提交了辞职信。

J 总那时候正在出差，他一收到我的辞职信后马上让人力资源部的同事，也就是加入 D 公司时面试我的 L 姐跟我面谈了解情况，这次谈话还是比较简单，不过我还是顺势就前一章谈到在 D 公司没有得到进一步发展机会的一些想法进行了沟通。

当然，根据流程第二天会跟 J 总还会进行一次面谈，但一直到这一刻，我离职的意志还是非常坚定的。碰巧的是，那天晚上某电视台一个访谈栏目让我产生了犹豫。简而言之就是通过一些"描述"把这家药企描绘成一个唯利是图，毫无道德观的企业。更让人感到以意外的是，所使用的"证据"的真实性与合理性却是存在比较大争议的，当天各大微信群对此事讨论得尤为激烈，但就是因为这期节目，改变了我对整件事情的看法，"存在极大争议的评论，可以堂而皇之地出现在官媒"这种行为不得不让人浮想联翩，以至于让我怀疑这家公司是否还有机会在中国继续存在下去，然而第二天与 J 总的对话则成了终结此事的最后一根稻草。

信任居然是这样建立的

和 J 总的谈话过程和结果都是出乎我的意料的，J 总的态度非常诚恳，完全是大哥和朋友的语气，并站在我的立场发自内心的给我建议，开场第一句话我到现在都印象深刻，他说："对药企的工作和更高的薪水动心这是非常正常的，我完全能够理解，但我希望你在做出最终决定之前，能听一下公司对你下一步的安排。"

之后就讲了他之前已经在为我进一步的发展做的各种努力和铺垫，比如把我的职责范围拓展到大中华区，职位上也争取给我提升到高级经理，但由于公司流程，导致现在这个窗口没有开启，希望我再等上 2 个月，相信公司会给出一个让我满意的结果。

那一刻我真的被打动了，因为 J 总的诚恳让我不容怀疑，虽然对于之前没有快速升职内心多少有些不快，但由于之前一起共事的经历，使我依然对 J 总言出必行的品德保留着充分的信任。也是为了进一步坚定自己的决心，J 总还建议我去找了一位高管辅导员①（ Mentor ）M 总。由于平时跟 M 总关系就比较好，所以我也就跟他说出了我对这家医药公司的顾虑，以及 J 总给我的承诺，他听完后自然鼓励我留下来，并且还说出了"君子不立危墙"这样的话，在被打了足够多的"鸡血"之后，我当天就告诉 J 总我决定留下来了，至今都无法忘记听到这个决定后，那一刻他两眼放光的神情。

人与人之间信任，有时真的需要一些外部事件的刺激才能促进，一边是有些风险但即将到嘴边的"肥肉"，另一边是老板画出的诚恳"大饼"，在一番纠结下最终决定选择"大饼"。原因是基于对老板的"信任"，而事实证明通过这件事我和 J 总之间的信任实现了一个质的飞跃，所以感觉还是非常值得的。

2 个月后，J 总践行了他的承诺，我被正式提升为大中华区的高级内控经理，月薪涨到 3.5 万元，年薪将近 55 万元。虽然比另一家公司给得低一些，但用 D 公司一位薪酬福利经理的话来说，在同一家公司能获得如此大幅度的涨薪，真的是非常不容易的，可见你老板对你的器重。此外，由于这次升职，

---

① 辅导员，外企中常说的"Mentor"，就是那种比你级别高，但与你不是一个部门的高管，通过给予建议，以及交流一些与本职工作没有直接关系的话题，来帮助你实现更好的职业发展。

我也有些意外地加入了 D 公司对于高级管理人员才开放的"股票激励计划"。

机会和能力哪个更重要

现在回看整件事情的经过，从接触新的机会，拿到录用通知书，到最后决定留在 D 公司，并最终再一次获得职位的提升，工资的上涨以及职责的扩大，可能大家会产生困惑，即可遇不可求的机会和自身的能力到底哪个更重要。也有一些朋友可能会觉得我那么努力为什么机会却一直不出现，所以我想就这个点适当展开讲一下。

首先我想强调的是，客观世界都存在着相互联系，机会绝不是靠等来的。机会是否出现取决于两点，一是自己是否拥有强烈的自我提升和改变的意愿，二是能力是否匹配你所期望的机会。从这个角度看，意愿要比能力重要得多，因为只有当你有了强烈的意愿和企图心之后，才能找到能力提升的方向和动力，并通过"强烈的意愿"来实现能力的提升。

其次，纵然有远大的志向，但依旧要立足于现实，并找到适合自己的路径。换句话说，就是要对自己目前的能力有一个客观的评价，定位自己需要努力的方向，并一步一个脚印地前进。这也就是为什么需要把长期目标进行分解，并通过设定多个"里程碑"和短期目标的方式去实现的原因。

再次，就是我上一章所讲到的，所谓能力，需要通过可量化的结果来证明。以我个人来说，如果没有 2012 年新官上任的"三把火"，2013 年史上最佳的审计结果，J 总也不可能看到我的"投资价值"，同时也会让我在新机会面前也缺乏底气。

最后是要学会取舍。否则，纵使机会出现，也不可能完完全全符合你的预期。此时，你需要把所有的"得失"罗列出来进行比对和分析。这也是财务分析中的"场景分析"技能，同样对个人的职业规划也非常有用。

三、斜杠模式开启

升职完成以后一切都还算比较平稳，毕竟职能只是扩展，而没有太多本质上的变化，所以在这里更多想讲讲这一年发生的一件与本职工作无关的事。

一次意外的接触

2014 年 11 月，我在办公室里接到一个电话，电话那头是一个自称某"培训公司产品总监"的女生 C 小姐，想约我聊一下合作开发线上课程的事情，我听完后当时就突然被这个事情所吸引，随即欣然应允，约在公司楼下的 D 公司自营的咖啡馆面谈。

见面那天，天很冷，来了一男一女，女生是电话那头的"产品总监"C 小姐，感觉很年轻（后来才知道她还是这家公司的联合创始人），男生是产品专员，专门负责与不同老师对接做课程。简单寒暄了几句后，对方告诉我，他们是一家互联网财税培训企业，希望我能帮他们做一些内控、合规和风险管理为主题的线上课程。

虽然之前有过在企业内部做培训和分享的经验，但我非常清楚这和去录制一些"商业化"的课程并非一样。我想都没想就答应了下来，因为内心似乎有一个声音告诉我无论如何要尝试一下，因为这可能开拓出一条新的个人发展路径。当然这条路要走出来，需要额外付出的时间和精力肯定不少，但既然市场有需求，同时跟我同样职业背景的人又很少有人在做这件事，自然也属于一个可以探索的"蓝海"。

其实都在情理之中

虽然这次与培训公司 C 小姐的接触是一次意外，但结合一些背景情况仔细分析一下，这又是一件情理之中的事。

首先是对方为什么会找到我，我想主要原因可能是我在某个职业社交平台上更新的个人信息，除了工作经历和职位外，还同时也参加了由其他机构组织的关于外资企业合规内控主题的线下公益分享活动，并且把这些公益分享经历在社交平台上进行了备注。当时这样做的目的很单纯，就是希望能将这些自己的心得和体会传播和分享出去，然而 C 小姐也是通过这个平台去搜寻合适的讲师。

其次就是在有意愿的同时，为什么我能有信心和底气去接受这个挑战呢？这个信心和底气一是来自过去一段时间在 D 公司兼职负责财务部的"学习和发展"的工作，站在甲方的视角我会更加清楚企业对于学习的诉求。由于担任内控内审与合规相关的工作，经常给业务部门做类似的内部培训，算积累了一些"实战经验"和"课件资料"。虽然如上文所讲，离"商业化"的要求还有一定的距离，不过相对其他财务同行来说，应该还是有明显的优势。

说到这里，有些朋友可能又会感觉，怎么你的运气一直那么好？似乎想睡觉的时候就会有人来送枕头？其实在 C 小姐联系我之前，我累计坚持做了 2 年的内部培训讲师和 2 年的财务部培训负责人，并持续坚持在外部做公益讲座和分享。而这一切，除了部门内部培训的工作外，基本都是在本职工作以外，通过业余时间去实现的，所以在这里也想和大家分享的是对大多数人而言，如果你想拥有比别人更多的机会，那就一定要做好付出更多的准备，并坚持下去，从量变到质变。

1 500 元 / 小时的课酬

录课不可能白录，自然要谈谈课酬，关于这个问题我还是比较羞涩的，也不知道说多少合适，不过 C 小姐倒也比较干脆，直接跟我说按照 1 500 元 / 小时结算。说实话，虽然不多，但听到这个数字后，感觉还是很兴奋的，毕竟对我而言，可谓是开启了一扇"通过知识变现"的大门，所以也非常认真地准备起相应的内容。

课件就是在这样的环境下开始准备的，课件完成后先到对方办公室去试讲，试讲的时候除了上次咖啡馆聊天的两位外，还有一位看上去怎么都不像搞培训的"产品研发总监"。但是对方对于线上培训类产品有自己独到的认知和见解，并对我的课件提出了修改的意见，希望我把整个课件根据不同的主题拆分成三个，并进一步深入挖掘更多的内容。比如除了讲理论和法规，更要结合到具体企业在实操中的案例。如果涉及案例，需要通过"背景、经过、教训和反思"的逻辑梳理出来，可以隐去一些具体的企业信息，但内容要立足于实操，能让学员可以得到有效的借鉴。

下面有一个关于某个合规案例背景描述的调整，大家可能看得更为清晰一些，见下表。

合规案例背景描述的对比

原案例背景描述	调整后的案例描述
背　　景：　合规部门在复核某分公司的差旅/交际费用过程中发现，差旅费没有遵守总部的差旅政策，同时报销发票中存在大量假发票，酒店住宿没有提供水单。此外，两个不同的自然月报销的定额发票居然出现连号的现象，某些高额的交际费用没有注明交际对象，也没有交易明细和相关说明	**案例背景：**　合规部门在复核某分公司的差旅/交际费用过程中发现，该分公司的差旅费管理（主要为销售部门）没有遵守总部的差旅政策，同时报销发票大量使用手撕定额发票，部分被查证为假发票，酒店住宿没有提供水单。此外，两个不同的自然月报销的定额发票居然出现连号的现象；某些高额的交际费用没有注明交际对象，也没有交易明细和相关说明 　**疑问：** 　分公司员工和财务人员是否知道总部的标准 　发票的真实性和有效性 　酒店住宿是否真实发生 　交际费用是否被用作其他用途 　为何与总公司的执行不一致 　这些疑问背后的答案又是什么
过　　程：　合规部门在面谈中发现分公司人员在差旅报销过程中只关注费用是否超支，费销比是否合理，并称从来不知道总部的报销规定；同时，部分员工反映，有些住宿费用是帮客户人员进行报销的，一切都是为了提升业绩，不这样做的话业务就很难正常开展下去；另外，分公司的财务人员虽然了解总部的差旅政策，但认为除了可能的发票税务风险外，分公司目前的做法不会导致太大的风险	**调查过程：**　合规部门就上述发现与相关人员进行了面谈，发现公司人员在差旅报销过程中只关注费用是否超支，费销比是否合理，而没有差旅政策合规的概念，并称从来不知道总部的报销规定；同时，部分员工（主要为销售人员）反映，有些住宿费用是帮客户人员进行报销的，有些没有明细的交际费用也是通过报销方式给客户的"活动费"，这么做的目的是帮助公司提升业绩，并有部分人员反映不这样做的话业务就很难正常开展下去；另外，分公司的财务人员虽然了解总部的差旅政策，但认为除了可能的发票税务风险外，分公司目前的做法不会导致太大的风险 　**关于疑问的解答：** 　大部分都知道总部的标准，但不理解为何要执行 　发票的真实性和有效性存在问题，将导致企业税务风险和合规风险 　从访谈中得知，目前无法确认报销事项是否真实发生 　目前的内控流程无法阻止这种情况的发生 　普遍存在只看重业绩而忽视合规的重要
结　　果：　合规部门就上述发现作了进一步的整理，并向总部进行了汇报，总部高度重视这一现象。首先在全国范围内通过课堂和在线的方式就差旅交际费用的报销标准进行了培训和宣导，进而对分公司的差旅管理进行了全面的规范，明确了违反规定将导致的纪律处分。重申所有费用必须实报实销，差旅和交际费必须先行书面申请，注明参与对象的职位和姓名	**处理结果：**　合规部门就上述发现进行了进一步的整理，并向总部进行了汇报，总部高度重视这一现象。首先在全国范围内通过课堂和在线的方式就差旅交际费用的报销标准进行了培训和宣导，进而对分公司的差旅管理进行了全面的规范，明确了违反规定将导致的纪律处分 　重申所有费用必须实报实销，差旅和交际费必须先行书面申请，注明参与对象的职位和姓名 　**反思：** 　产生问题的原因是什么 　通过这件事得到的经验教训又是什么

大家应该不难看出，上述的调整方式，对于整个案例的前因后果的描述，以及学员思路的梳理有了很大的优化与提升，而这个过程也让我感受到了内部培训和商业化课程之间的不同，毕竟内部培训大家都有一个同样的身份，就是同一家公司的员工，很多通识性的东西是有共识的，商业化课程虽然可以根据内容找到存在一定共性的受众，但在内容的呈现上对逻辑性、严谨性、可读性甚至趣味性的要求更高。

说实话，这次的沟通对我后期的"讲师生涯"还是非常有帮助的，而第一期的课件也是基本根据这位"产品研发总监"的思路与意见去准备的。几年后，我才知道他也是联合创始人之一，同时当天还遇到了这家公司的首席运营官，后来才知道原来他之前也是业内比较知名的一位税务类培训讲师，不禁感受到这家公司内部蕴藏的能量、朝气与潜力。

最后这一文题定稿下来一共合作三个课程，分别是："全案解析企业内控思路与技巧""多维度揭示内控体系搭建思路与方法""企业合规政策制定与舞弊防治"。

这三个课程应该说凝聚了我过去多年工作的经验与心得，其实质内容还是不少的。时至今日，这三门课除了让我收获了 4 500 元的课酬外，在平台的累计播放量也突破了数十万次。也许能让自己的知识和经验传播出去，才属于真正的收获吧。

什么是创业

待到后续课件全部完成后，便按计划到对方的录音棚录音。虽然当时的环境比较简陋，看着半新不旧的家具和"极简化"装修的毛坯房，后来了解到原来是刚拿到风投没多久，还非常节俭，但人的精神面貌却处处体现出一家创业公司的情怀，对新一年的业绩增加也有非常强大的信心。

因为被这样的一个创业环境冲击，一定程度上触动了当时还在外企温水煮青蛙，抑或满满熬资历的我，每次和他们一起工作就感觉自己也进入了创业的场景中，在和他们一起努力和奋斗。简单来说就是公司很小，但对产品的内容和质量却一点也不含糊，除了不断向我输出市场需求，还帮助我在内容和结构上进行梳理、调整与提高。

由于在企业内部做培训和做出在市场能卖钱的课程是两回事。而2014年底的这段经历也是对我个人认知的一次刷新，同时也让我相信只要你合理地安排时间，总是能凑出空来做些更有意义的事情。

四、复盘与总结

这一年的收获还真不少，升职、加薪、开副业。现在回想起来也的确是个人职场发展的一个"丰收之年"，而这一年一些关键行为，对之后的整个职场发展都有着重要的影响。总的来说，就是通过一次选择，重新理解了信任，并开启了斜杠生涯。

关于选择

许多年以后我曾经想过，如果最终我去了这家医药公司，或者我没有和这家财税培训机构合作，可能后面的职场路径会完全不同，也许进入药企做合规未来也有不错的发展。但是，人生不是玩电子游戏，可以归零重来，所以在面对任何重大决定前，还是要多想一想，但就算你想得再多，分析得再透彻，也永远不可能做出"最好的选择"，因为任何选择都会带来新的机会成本，所以只能不断通过修正与优化让自己的选择"变得更好"。

如前文关于"机会"和"能力"的讨论中也提到，即便你眼前出现了一个让你心心念念并神往已久的机会，你依然会犹豫和纠结于放弃眼前的东西，所以机会出现后的"取舍"有时候比抓住机会更加重要。

关于信任

建立信任并不是一件很容易的事，除了通过长时间的积累，也要通过特殊事件来实现。而聚焦到我与J总信任的建立，我个人认为是在一次特殊事件中双方都做对了几件事情。这些事情可以借鉴史蒂芬·M·R·柯维在《信任的速度》一书中提到了五种"明智的信任"行为中的"表明你的意图"和"说到做到"。由于我清晰地向J总表明我期待进一步发展的意图，而J总也在后续兑现了他对我的承诺。而通过这一次事情，使得大家在后续许多事情的沟通上变得更加有效、简单和透明。

关于斜杠

如何在没有生活压力的情况下开启第二职业？也就是所谓的斜杠人生，这其实是一个挺难回答的问题，下面就我个人的经历分享以下几点：

- 你要对这件事情有兴趣和热情。
- 这件事情是可持续性的，而非一次性。
- 能够坚持下去，并愿意为之付出更多的业余时间。
- 与主业相关，但又不完全相关。

如果你在符合上述三点的前提下选择第二职业，应该会有不错的收获。而且就我个人的感受而言，开启斜杠生涯是有助于个人主业能力提升的。

2014 年底，34 岁，月薪 35 000 元，年薪 55 万元，D 公司大中华区内控高级经理

第十章

（2015）如梦如幻——大案频发后的意外收获

人物关系：

◆ 小王——D 公司地区销售经理，负责某地区 KA 客户销售工作，伪造订单事件主导者。

◆ 老 L——D 公司销售副总裁。

◆ 老 W——D 公司区域销售总监，汇报给老 L，小王的领导。

◆ G 总——D 公司大中华区总裁。

◆ J 总——D 公司大中华区 CFO。

某个电影中有一句台词"生活就像巧克力，你永远不会知道下一秒会得到什么"。作为本人正式踏入职场的第十个年头，2015 年对我来讲整体就是这样一种阴晴不定，充满着变数的节奏，如果聚焦到几个点上，基本就是下面这些事情。

一、危机四伏的上半年

之前我已经说过，从 2013 年开始，整个 D 公司的业绩遭遇了不小的挑战，具体表现为增长乏力，老产品竞争力下降，新产品未带来预期的增量，以及电商对于传统渠道的冲击，等等。业务部门受到的压力自然是首当其冲的，而后勤支持岗位则有一定程度的滞后。就是在这样的大背景下，2015 年春节过后爆发了一个自我加入 D 公司之后金额最大的舞弊案件。

未开票的应收款

背景：春节旺季过后，应收组的财务人员在盘账过程中发现某一家地区 KA 客户有几笔订单一直没有开票，而且系统显示这些订单发货已经超过 3 个月了。正常的订单发货和开票流程，如下图所示。

1.销售人员从客户处拿到订单	→	2.销售行政部在系统内确认订单	→	3.财务人员检查授信并放行	→	4.物流部门安排发货	→	5.财务部门确认收入，与客户对账后开票	→	6.客户根据约定时间回款

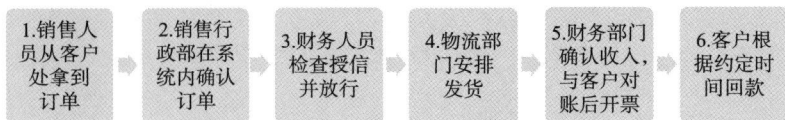

正常的订单发货和开票流程

不难看出，整个业务流程走到第五步的时候出现问题了，但如果严格按照上述的流程走，并每一步都能确认信息的真实性，应该不会发生上面所提到的问题。所以，肯定是之前的流程中出现了问题，前面也说了，时间点正好是春节的旺季前后，所以一些书面确认工作有所滞后与延迟也属于正常，但也正是因为这个原因前后拖延了 3 个月。

当然，财务部门不可能真的等到 3 个月才发现这个问题的，由于根据 D 公司的内控流程，每周、每个月都会核对"没有开票的应收明细"，所以应收组的财务人员与负责相关业务的销售地区经理小王已经沟通了数次，而小王的反馈是"我们一直在积极地对账，但客户这边表示一直很忙，还没来得及反馈。"

其实细心的朋友应该已经发现出现问题了，为什么一切从客户的反馈都来自销售呢？这其实也是消费品行业常见的问题，由于系统无法实现实时对接，且伴随着客户数量和渠道的不断增加，财务部门囿于人手和精力的限制，一般也做不到随时与客户沟通，所以就出现了"销售包办代劳"的现象。

然而毕竟时间等得比较久了，所以大致在 2 月春节过后，应收组财务人员就直接跳过了销售人员联系了这个 KA 客户的财务部，结果得到的反馈居然是这几笔订单他们从来都没有收到过。

爆雷后的补救

按照客户回复，再回头找这个销售地区经理小王了解情况时，对方只好承认了实情。因为 12 月前后绩效完成的情况不太理想，所以就伪造了几张大客户订单，反正该客户账期比较长，短期内不需要考虑开票和回款，所以就让物流先把货发到一个自己租的第三方仓库，以便暂时对管理层有个交代，并期望通过后续春节旺季大量促销实现消化库存。

读到这里，我相信所有从事财务相关，特别的内控内审工作的人，一定会发现这里面存在很多问题，无论是订单的获取，还是发货地址的锁定，都有各种"随意性"和"控制缺陷"。

现实是残酷的，如果前期的铺垫和执行都没做好的情况下，春节旺季也不可能出现奇迹，所以这批货物直到当年的 3 月都没有消化掉，并最终因为订单对账差异这个事情被暴露了出来。这件事情大致在 2 月底发现的，基本上 3 月和 4 月持续在处理此事。除了查明原因，并尽可能补回损失外，还要同步就此事与总部汇报沟通，既要陈述事实，又要尽可能去打消疑虑，让他们相信这不是普遍现象，而只是个案。

除此之外，国内团队之间也要做好各种平衡，这件事情的出现虽然对业务部门有着不小的影响，但销售副总老 L，大区总监老 W，以及地区经理们却各怀不一样的心思！

而对总部来说，虽然我们已经强调了这只是一个个案，但鉴于全球范围内从来没有发生过类似的案例，所以总部在研判之后还是委托了某一家"四大"会计师事务所，对 D 公司的整个应收流程进行了一次特殊审计。鉴于整个审计程序，时间表和流程都是提前告知，所以更多还是流于表面，并未深挖到内在的实质问题。这也让 D 公司中国区的管理层松了一口气。

"应付"完了总部之后，后续就是公司内部的处理，大致的处理方案如下：

小王——作为当事人，因严重违纪而被公司解雇，并被追究相应的民事法律责任。

老 W —— 作为小王直接领导，也因此得到了内部的纪律处分。

老 L—— 作为全国销售团队的负责人，被勒令要求对销售管理进行全面整改。

全面整改进行时

这样的处理方式，从组织程序和 D 公司既定的问责标准来看，并没有错。在与内部法律顾问和外部律师反复沟通后，由于没有任何证据证明小王本人存在涉及职务侵占的犯罪行为，所以未追究小王的刑事责任。但相对于这批货的损失，这样的处理方式显然是很难让人接受的。用 G 总的话来说"这件事对我们本来就已经非常糟糕的业绩算是雪上加霜了，销售部门进行一次全面整改是非常有必要的。"

全面整改的任务自然落到了我的头上，首先是就事论事，先把这件事情所涉及的风险点和控制漏洞逐一进行优化，见下表。

D 公司的风险点及整改措施

风险点	整改措施	涉及部门
配送地址按销售要求输入，系统配送地址长期不更新	明确所有送货地址必须与系统信息保持一致，限期全部完成系统调整	物流部
第三方物流司机按销售要求改变送货地址	第三方物流服务商不得私下修改配送地址，并全部签署承诺书，如有违法，重罚	物流部
销售通过口头方式提供虚假订单	在没有客户提供证明的情况下，不再接手销售提交的口头订单和发货需求	销售行政部（订单组）
"客户未开票订单"长期没有确认	内控部门对所有"客户未开票订单"进行月度复核，金额较大的直接与客户联系确认原委，销售部门必须予以配合	财务部，销售部

其次就是借着这次机会，对整体的与销售相关的业务流程进行了一次复盘和梳理，其中主要的一些业务流程与整改措施，见下表。

D 公司的业务流程与整改措施

业务流程	整改措施
价格执行与进场费管理	聘请第三方机构，根据销售提报的促销价格和门店进场计划时间，到一线门店进行现场审计，如有差异且解释不合理，则叫停当期促销方案及后续预算，并追究相应销售人员的过失与责任
渠道促销费用核销	每周随机发布一个"汉字"作为促销与陈列核销的标准，即核销的照片中必须存在对应的汉字，如果促销周期为两周，必须提供拥有两个不同"汉字"的照片，如果未提供复核要求的证据，则拒绝核销
临时促销人员工资支付	之前门店临时促销人员的工资，都是根据预算与执行情况，通过负责人员招募的服务机构进行发放，D 公司根据发放金额向服务机构付款 通过整改，所有临时促销人员的工资由 D 公司财务根据提供的身份证复印件与临促人员个人账号进行发放，并根据相应的佣金比例与第三方服务机构进行结算

上述的几个整改措施在很大程度上影响到了部分人的"利益"，但在这样一个大背景下去推进不会有任何人提出反对。从结果来看，不能说通过这些整改让销售部门整体变得"风清气正"了，但至少在标准的执行上有了明显的提升。

上述的整改措施差不多在 5 月全部落实，从某种程度上看，也算是把坏事变成了好事。这事过后原以为可以喘一口气了，没想到新的意外又发生了。

十年凭证一扫空

这件事情说来是让很多人不可思议，好端端存放在仓库的财务凭证，被外包仓库的管理员当成废纸拿出去卖了。十年的财务凭证，最终被卖了 2 000 元。等物流部门知晓此事时，财务凭证已经装车，并在前往废品回收站的路上。等追到了废品回收站，财务凭证已经成了纸浆，完美地实现了闭环。整件事情的经过就是如此玄幻，似乎那些一笔笔写下，一张张打印，一本本装订的劳动成果，就是无法逃避其注定宿命和劫数一般。

凭证无法追回已成为事实，但收尾工作还要继续下去，让人非常尴尬的是，由于财务凭证的估值很难界定，所以在报案时，警方的回复是因案值金额太小无法立案，建议对管理员批评教育一番并要求其退赔 2 000 元的方式私了。结局已然如此，无奈之下，只能通过反复沟通，最终向警方索取一纸报案回执，并以此作为一个支持性文件，向未来可能需要调取财务凭证的各方进行了对应的书面报备，并说明原委，以避免后续沟通中所带来的被动。

基本上上半年就是在这种危机四伏的节奏中度过，正所谓福祸相依，前文说过，D 公司的财年是 5 月结束，由于 2014—2015 财政年整体业绩不尽如人意，没有达到总部对于增长的预期，因而导致年终奖金基于目标奖金而被"腰斩"。

二、意外收获的下半年

虽然 2015 年上半年过得比较"玄幻"，除了上面几件大事，其他乱七八糟小事也是不少，颇有一种"此恨绵绵无绝期"的感觉，也曾一度有了一种想不干了再去找一份新的工作从头再来的冲动。当然，可能随着阅历的不断丰富，以及应对经验的逐步积累，这种由于短期内的挫折所带来的挫败感似乎没有之前那么强烈了，似乎已经将其看成了一种职场中的常态。

渐渐学会调整心态

至今回想起来，能在当时让我调整好心态的主要因素，就是从 2014 年和那家财税培训机构合作后，开启的斜杠生涯，整个 2015 年除了持续开发一些新的在线培训课程外，还选择性地参加了一些线下了讲座和论坛。

在繁杂的工作间隙，抽出时间，沉浸到一些"自己喜欢"的事情当中其实是一件十分美好的事，至少从兼职做培训讲师这件事情上看，能够让我跳出自身工作的框架，从另外一个视角去梳理过往的得失，渐渐发现还是有一些东西值得去珍视的，并在压抑中保持一颗平静的内心，收拾好心情重新开始。

很多人在面对挫折时会责怪运气不好，但从哲学的角度思考这个问题，运气这种东西肯定不是一成不变的，过往的经历也告诉我，只要方向正确，努力一定不会白费。俗话说，一个人不可能永远倒霉，而且很多时候倒霉就是走运的开始。

被馅饼砸中的感觉

如果要对 2015 年下半年的运气进行一番描述，感觉就是"莫名被天上掉下来的一个馅饼"给砸中了。简单地说，就是在一次没有预期的情况下升职了，为了方便大家理解背后的逻辑，简单说明 D 公司财务部的架构，如下图所示。

虽然我的职位和其他财务职能是平行的，级别也一样，但团队规模还是比较小的，工作内容相对还是比较聚焦（狭窄）的。所以从长期来看，我不得不面对的一个问题就是，下一步的发展方向在哪里？当然，由于上一年刚刚升职，所以至少在 2015 年我还没朝这方面去想，也没有对升职有任何预期，但意外的惊喜却这样发生了。

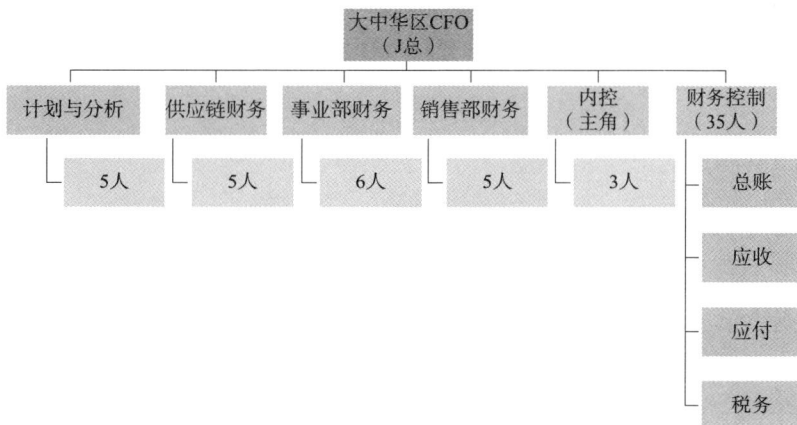

D 公司财务部架构

事情的经过大体是这样的，我之前有讲过，D 公司在每年 9 月前后会做一个所谓的个人发展计划（IDP），需要提前准备好一个书面文本，并约上你的老板谈谈人生理想和个人发展的方向，上一次升迁的机会很大程度上与我在个人发展计划中所陈述的内容有关。所以这一年的个人发展计划我自然也是非常认真地进行了准备。

是运气吗？ IDP 真的很重要

根据上一次的经验，我一般会把自己希望转岗或发展的下一个岗位写在自己的个人发展计划里，由于之前将近 10 年的工作经验都在内控和内审领域，鉴于自己在基础财务管理和控制上的不足，所以我就把自己的下一个岗位定格在财务控制总监职能上，具体来说就是负责应收、应付、税务、总账等这一系列财务基础工作的负责人。

不可否认，我当时这么写并没有想到这个结果真的会实现，更多地就是想就这个方向跟 J 总进行一下探讨，并从他那里获取一些建议，毕竟我从进入职场以来，从来没有做过一天的基层财会工作，也没有编制过一张凭证，虽然日常工作中对大家的工作内容还是非常熟悉的，但落实到具体管理工作可能是另外一回事了。不过让我没有想到的是，在与 J 总陈述个人发展计划的时候，他居然非常认可我的想法，且口头向我做出承诺，他会朝这个方向去推动和努力。

事后当我回忆起这段"魔幻"的经历，的确有一定的运气成分，但我觉得如果我不通过个人发展计划向 J 总和公司表达我有这样一个意愿，即使 J 总有这样的想法，公司也能提供这样的机会，最终我是否能获得这次发展机会也尚未可知。还有一点非常重要，鉴于上一次升职的过程，我和 J 总之间由于建立了高度的信任，所以对他所做出的承诺也是深信不疑。

最终推进的过程超越了我的预期。9 月谈完后，就清晰地感受到 J 总一直在进行着各种准备和铺垫。直到 12 月初，J 总就正式把新的架构跟我进行了同步，并在 12 月底将整个架构调整的通知就发出来了，我的新职位被定格在了大中华区财务控制总监（Finance Controller, Greater China）上。

新的架构如下图所示。

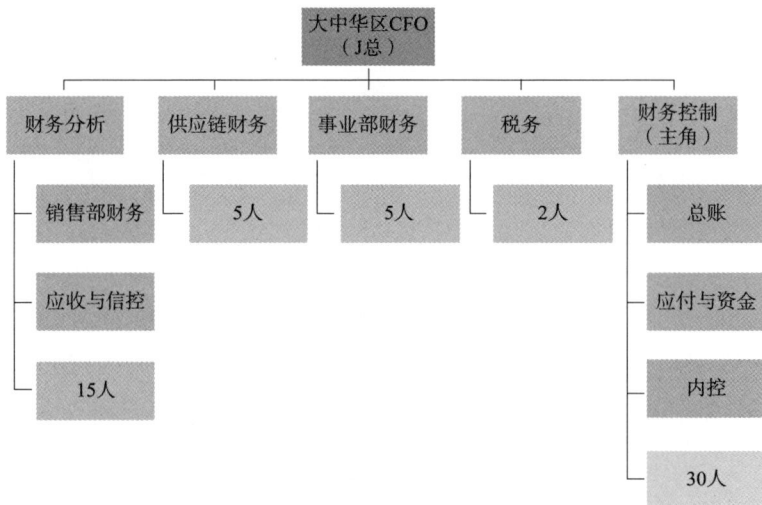

D 新公司调整后的财务部架构

从职责上看，除了内控这一块以外，还负责应付，资金，总账和报告这一块，管理一个小 30 人的团队。虽然会有一些挑战，但机会难得。不仅是板上钉钉的升职加薪，而且还伴随着职责范围的大幅扩展。

这次临时加薪差不多有 10% 的调增，加上财年结束的一次薪资调整。在 2015 年年底，月薪突破了 40 000 元的关口。

三、关于招聘和用人的一点反思

这个反思源于在 2014 年年中，我原来招的一个新人因为职业发展从内审转了财务分析，所以我又招了一个新人，看了几个候选人之后看中了一个背景相对不错（211 高校，"四大"），而且非常积极和热情的小姑娘，最为难得的是她要求的工资非常低，原因是她不看重工资或者不差钱（人事告诉我的原话），所以我就按照人事给的工资标准给了录用通知，但没想到也是因为这一点却埋下了隐患。

这个小姑娘基本算是降薪来的，一开始可能因为一些非物质的影响让人保持积极的心态，但时间一长，一旦在工作中出现了负面情绪，降薪加入的影响就会渐渐体现，同时再加上踏入社会时间不长，所以依然会跟以前的同学去对比个人的发展和收入，一旦发现别人混得比自己好（工资比自己高）就会更加自我怀疑和否定。

上述的想法大概率是在她入职一年以后开始出现的，并逐渐有意无意地在我和她的日常交流中流露出来各种不满。这也是让我对招聘和用人这件事上产生了一些反思，大致包括以下几个点：

（1）对方能接受现在的薪资待遇，那一年或两年后呢？对比一些创业公司和咨询类企业，在稳定的企业架构中谋求升职本身并不是一件容易的事情，所以如果你想让一个能力和资历还算不错的年轻人稳定安心地在一个岗位上工作两三年，除了当下工资能够达到她的预期外，还要考虑未来一段时间的影响和变化。

（2）对方家境好不差钱，是否会因为喜欢这份工作而接受低工资呢？应该说这种可能是存在的，不过这不是一家企业或一个招聘者正确的选择。我们在招聘和用人的事情上务必要秉承按职定薪（pay by position）的原则。即不能因为一些与职位无关的原因去限定工资，也不能因为对方暂时性没有要求而给予更低的工资。

（3）拥有低薪高能的员工是好事吗？很多管理者会常常自豪于用了"廉价"的员工而创造了更高"绩效"，其实不然，如果某个员工展现出了超越目前岗位和薪资水平的能力，管理者就应该主动为他（她）创造进一步发展和晋升的机会。纵使因为公司的政策限制无法马上得到加薪，但至少在非薪酬的层面要给予更多的认同和鼓励。即不能对员工的卓越表现无动于衷，更不能因为员工低薪高能而沾沾自喜。

四、复盘与总结

这一年其实过得比较魔幻，正如我写的副标题，大案频发后居然还能在年底获得升职，对于这个结果也完全超出预料。无论是伪造销售订单，还是财务凭证丢失，这两件事情性质应该都挺严重的，都在不同程度上给公司造成一定的损失。

遇事不慌

仔细分析不难发现，这两件事财务部都不是直接责任人，前者是销售管理工作中的不严谨与疏失，后者则是储运部门对于第三方服务商的管理不严格造成的。所以当大家遇到类似的事情时，一个比较中肯的建议是：不要过于慌乱，调整到平常心，厘清头绪，并定位到事件发生的动因。

分析为什么（WHY）这件事情会发生。并通过我们定位出来的动因，后续无论是追究责任，还是优化流程，抑或是其他的补救措施和进一步调查，都能有序地推进。而作为企业内控的负责人，在类似事件的处理也不应过度强调谁应该负什么责任，或者要做一些事情去淡化追究责任的问题，而是应把重点放在如何减少损失以及防止或确保没有同类型事件的发生上。当然如果内部的确有一些管理漏洞和流程缺失，及时找到问题的本源并给出对应的补救措施也是非常重要的工作。

关于跃迁

2015 年过去了，从上半年的危机四伏，到下半年的意外收获，可以说是非常戏剧性的一年。从结果来看，2015 年这一次升职距离上一次升职仅相隔 1 年半的时间，这在外企也是属于快速升迁（Fast promote）了。更为重要的是，这次升职属于我个人职业生涯的一次重要转型，从一个专门带领单一团队的管理者转向带领多个团队的领导者岗位，其实就是从管理级向战略级的一次跃迁，也让我看到了进一步向上发展为 CFO，甚至一些非财务高管岗位的希望。

回顾一下过去，从最初进入职场的 2005 年，成为一名基础级别的"专业人士"开始。直到 2015 年底，成为一名战略级别的"团队领导者"，虽然经历了很多次的升职，加薪与跳槽，但真正能称为"跃迁"的，却是我认为地从"从基础，到专业，到管理，再到战略"的每一次级别的跨越，因为每个所对应的工作内容和性质，以及个人在工作中所扮演的角色都完全不同。

为方便理解，我整理了一个表格（见下表），就我个人职场前 10 年的经历做了一个总结，也加入了我对不同级别之间进行跃迁的个人理解。

10 年的职场经历

跃 迁	时 间	公 司	途 径	职位变化	关键性标志
基础级	2005—2008 年	"四大"A 公司外资餐饮 B 公司	晋升+跳槽	审计助理（A 公司）资深审计（B 公司）	• 根据要求保质保量完成工作 • 在专业领域实现快速学习与成长
从基础级到专业级	2008 年	外资餐饮 B 公司	晋升	从资深审计到助理审计经理	• 独立负责某项工作 • 对工作中的问题给出专业判断 • 领导并推动单一项目开展和落地
从专业级到管理级	2012 年	外资食品 D 公司	跳槽	从亚太区内审（C 公司）到中国区内控经理（D 公司）	• 带领团队实现业务目标 • 对部分具体工作事项进行决策 • 实现团队与个人的不断成长和发展
从管理级到战略级	2015 年	外资食品 D 公司	晋升	从大中华区高级内控经理到大中华区财务控制总监	• 带领多个团队协同高效实现工作目标 • 对关键事项进行决策，完成组织的发展规划 • 参与并支持公司战略目标的制订和落地

何为"战略财务"

说来也惭愧，直到这次升职之前，我也不太理解对于"战略级"的要求。

甚至于第一次接触这个概念，是在我确认了升职以后，J 总要求人力资源部的同事分享给我一个"战略财务胜任力模型"课程，并给我安排了一个对应的培训之后，才开始渐渐了解，下表是这个模型中的一些重点，便于大家理解与借鉴。

战略财务胜任力模型（重点内容）

胜任力	描　述
财务敏锐度	通过一些内外部的数据信息，快速洞察和量化出可能存在的风险与机会，并能影响管理层对现有战略方向进行优化，带领财务团队和协同部门推进并落地相关业务战略
流程优化与财务分析	持续推进内部流程的优化，并通过有效的财务分析与预测更好地支持与有利于战略目标达成的业务决策
业务伙伴与价值创造	强调服务思维，并以价值创造为工作的中心，通过更高效的沟通与协同实现可被量化的价值以支持战略目标的达成
引领创新	积极鼓励组织在商业模式和产品战略上的持续创新与突破，并保证企业能实现战略目标的道路上"既不失控也不失速"
激励和发展人员	制订团队的中长期发展规划，以匹配组织发展的战略规划，有效利用好各种工具与资源持续为团队赋能，实现个人和组织的共同成长与发展
道德与诚信	成为组织内部的道德楷模，从长远视角出发，维系管理层就"底线思维"和"红线思维"的共识

整个"胜任力模型"包括了六个不同的"胜任力"，并有对应不同的描述，说实话我读完这个表格后，最大的感受就是惭愧，因为除了最后一条"道德和诚信"之外，几乎没有任何一条做到了，尤其是"引领创新"和"业务伙伴与价值创造"这两点，在之前认知中基本没有和财务工作产生过联系。

所以在学习和了解完后，不由地产生了"我是否有能力做好这个岗位"的想法，不过 J 总的话倒是给了我不少鼓励，他说："其实在职业发展的不同阶段，对于能力的要求是不一样的，就财务工作本身来说，早期我们可能更注重于 Excel 技能、会计准则、法律法规等专业性要求更高的技能的发展。但后期，尤其是当你成为一个较大团队领导者的时候，更重要的是如何让大家的工作产生更大的合力，对公司战略目标的达成产生可以量化的影响。我也知道你现在距离这个目标和要求有一些差距，但我相信只要意愿跟得上，能力是可以培养和发展的。这里我有两个建议可能对你还是有帮助的，一个是不能太急，另一个就是要有选择地深入去了解一些你不熟悉的领域。"

这段话，尤其是最后两句对我的触动还是非常大的，我没有想到，J总作为领导，居然对我的优缺点如此了解。优点：意愿和学习能力都很强；缺点：由于工作长期都是项目制，虽然时间管理能力强，但有时会缺乏耐心，而当涉足新的领域的时候，可能会导致无法沉得下去挖掘细节。

虽然离真正的战略财务还有明显的距离，但此时此刻，还是实现了许多年前曾给自己定下，在35岁的时候成为外企总监，并拥有一间属于自己小办公室的目标。

我在2014年底对第二年存在的动荡和波折充满了颇多顾虑和担心，但从结果来看整个2015年虽有波折，却也有惊喜，整体不能称之为一帆风顺，也算是较为幸运了，当然人永远不可能那么走运，而2016年将注定迎来一些事件的发生。

2015年底，35岁，月薪40 500元，年薪63万元，D公司大中华区财务控制总监

第十一章
（2016）情绪过山车——在跌跌撞撞中寻找"心"的出路

人物关系：

- ◆ Jeff——主角的同事，从美国轮岗回国后，不幸因一次意外去世。
- ◆ J总——D公司大中华区CFO。
- ◆ G总——D公司大中华区总裁。
- ◆ Richard——接替J总的大中华CFO，英国人。

2015年在波折和惊喜中度过，总体来说，我从2014年到2015年，在D公司连续升职两次，整体还是非常顺利。这也许预示着，2016年，将是充斥着各种意料之外变化的一年，而这一切的开端起于年初的一场意外。

一、纷至沓来的挑战与变化

一次意外带来的角色转换

那是1月的一天，我正在外地出差，晚上10点左右，准备睡觉前再看一眼朋友圈，就看到一位同事发了条微信给我："Jeff走了……"。当时近乎下意识的反应，我打出了"？？"。她秒回："打羽毛球后大面积心梗……然后就走了。"刹那之间，之前的睡意荡然无存，大脑一片空白，久久无法释怀……

为了把脉络理清楚，还是先说说Jeff吧，跟我同年，"四大"一出来就加入了D公司，算起来比我早5年入职，并且在我之前担任审计经理的职位，属于我的前任，当时正好满10年的司龄。我能加入D公司也是因为他被任命去领导集团的ERP项目，无法兼顾内审这一块儿的工作，所以才开放了这样一个社会招聘的职位。由于Jeff在ERP项目上表现出色，所以作为重点培养对象，在2014年年初，被公司派到海外总部轮岗18个月，轮岗结束后于当年

12 月底被提升为中国区负责分析和销售管理的财务总监，办公室被安排在我隔壁。

Jeff 的突然去世让大家都很难过，在他去世后的第二天下午，我回到上海的办公室，便感觉整个气氛非常沉闷和压抑。J 总看到我回来了，便跟我简单聊了几句昨天晚上发生的事情，看得出他心情非常不好，但强撑着一份平静，谈话中除了关于 Jeff 后事的处理，也沟通了一些后续问题的处理，以及可能存在的内部架构的调整。当然，也包括在没有找到新人之前，希望我临时负责一下销售财务的管理工作。虽然我多少有点意外吧，但在当时也能理解老板的苦衷，能帮还是要帮一把，所以没有提出任何疑问，爽快地答应了，不过没有想到的是，这次意外成就了一次我的角色转换。

大家应该已经了解到，我在 D 公司的工作内容基本都是"站在业务部门的对立面"，尤其是在上一年销售发生了"订单造假事件后"，更是进一步强化了这方面的管控，以确保所有的业务风险点处于"可控"的状态，并逐步强化总部管理政策在一线执行和管理。这从我原本的工作职能"企业内部控制"视角来看没有任何问题，但如果换位到销售财务管理，或者说销售财务支持的角色上就完全不一样了。因为既然要支持业务，就必须要进一步深入到业务中去，了解业务的真正的痛点和问题。最明显的不同就是，以前的业务层面沟通多数是"我们有哪些事情是不能做的"和"我们应该做到哪些要求"这样的口径，而现在则变为"财务能为业务做些什么""我们怎样才能更好地体现在业务端的价值"等问题。

这段时间前后大概持续了 3 个多月，虽然这么短的时间比较难去做太多的事情，但既然坐在这个位子上，无论多久，还是要多少做一些能对业务部门有所帮助，且短期能够看到结果的工作。比如，亲自出面去与一个出现较大金额坏账的经销商沟通后续的回款计划，以及部分渠道经销商转直营的相关业务流程梳理和支持等。

这 3 个月对我最大的帮助是提供了一次"换位思考的实践机会"，换位到业务部门的角度去思考和推动一些对业务有可量化价值的事情，也让我进一步理解了"战略财务"在"业务伙伴和价值创造"上的具体要求是什么。

如何带好一个 30 人的团队

销售财务支持工作只是一个临时性的项目，其实对我来说，从 2016 年开始，更为重要的是在新的岗位上，如何平稳接手一个 30 人的财务团队管理工作。

关于团队管理，这里不做太多系统化的介绍，只是总结几个我觉得大团队管理比较重要的心得以供大家借鉴和参考。

1. 如何让沟通更高效

有一句话叫"事在人为"，团队管理的核心肯定是人，所以任何时候都要高度关注和倾听团队成员的想法和诉求。然而，作为一个相对较大的团队，你没有能力去关注和满足每一个人的想法与诉求，所以需要既有效率又有效果地去左右这件事，我采取按级别和沟通方式的不同，形成了一套信息同步和沟通的原则。为了能让沟通更高效，同时又能覆盖更多人，我整理了一个团队沟通管理矩阵工具，见下表。

团队沟通管理表

对 象	职 级	形 式	频 率	内 容	目 的
直接汇报对象，带团队或不带团队的经理、高级经理	总账经理、资金经理、信控经理、内控经理、项目经理	半小时1对1交流	每周一次（固定时间，一般是周一）	涉及日常工作话题的开放式沟通，并根据情况决定是否要深入到细节	和关键团队成员保持高频互动，并对一些紧急性较高的事项形成即时反馈
		1小时管理团队会议	每月一次（一般在月初）	具体工作的复盘总结，以及重要事项内部沟通、讨论与共识	就重要事项形成共识，保持关键团队成员在工作节奏上的同频
非直接汇报对象，带团队的助理经理或主管	总账主管、应收主管、应付助理经理	半小时1对1交流	每月一次（一般在月初结完账之后）	不涉及具体工作内容，针对更为宽泛的问题（如公司和个人的发展）进行开放式沟通	侧面了解他们在工作中遇到的问题，并评估是否可给予一定的支持
核心业务骨干	高级专员	20分钟1对1交流	每季度一次（一般在每季度第一个月的第二周）	基于公司绩效评估的节点进行一些开放式的交流沟通	提升内部沟通的透明度，并作为内部"人才盘点"的一部分流程

续上表

对 象	职 级	形 式	频 率	内 容	目 的
基层业务伙伴	助理、出纳等	20分钟1对1交流	每年或半年一次	关于职业发展，以及过去一段时间工作情况的复盘与回顾	提升内部沟通的透明度，并作为内部"人才盘点"的一部分流程
全体团队伙伴		全员会议	每季度一次（每季度结账工作完成后的一周内）	公司重要事项宣导，重点工作成果回顾，优秀人员和案例表彰与分享，分享内容上会在部门内进行分工	内部沟通和交流的仪式感，有时候会与部门团建和聚餐进行合并

其实上表的形成，J总也给了我很多帮助，因为其中很多沟通方式是他在日常团队管理中所采用的，所以通过他人来学习，不单单是对方直接对你的言传身教，更多要通过你对他人的观察、感受和总结，通过借鉴和实践，来逐步实现自我提升。

2. 到底哪些事更重要

D公司当时有大概十多家分/子公司（法人实体），数百个分支机构和银行账户，同时还有不同国家会计准则的报表要发布，所以要把每一个细节都搞清楚是不可能的。就算你有不睡觉也要搞清楚的恒心和毅力，团队伙伴和下属们也不可能不厌其烦地对你进行"科普"，时间久了甚至会非常地反感。一个比较有效的方式就是根据"重要性"和"紧急性"去对相关的事项进行分类并排定优先级。而对于按部就班都在推进的日常工作，不建议去追究细枝末节，而是要偏重于对最终结果和关键节点的把控。

举个例子：D公司有要求每个月结束后5个工作日要提交报表，作为最终报表的签发人，确保准时优质地提交和签发是我的责任，但具体工作却是由总账经理在执行，所以我的责任是给总账经理合理的资源去完成工作，而不是和他一起去评估结账时间表的合理性。所以对于这项工作，我一般只做两件事：

（1）如果涉及中国假期，需要延后，我负责和总部进行沟通。

（2）如果当期涉及重大的会计调整事项，我负责进行专项审核和解释说明。

3.加强相互间的了解，在统一标准下的认同和鼓励

组织的人数一多，内部矛盾就会多，这一点任何组织都一样，同一个部门中不同团队之间也会有不同的利益和矛盾点，如果不加以正确的引导，很容易形成内部关系的不和谐和紧张，如果长此以往形成了惯性，则会持续对组织造成内耗。针对这一点，我做了两件事：

（1）让各个团队之间通过部门会议相互了解对方的工作（其实很简单，就是让他们各自分享自己团队做得好的地方）。

（2）鼓励他们互相之间进行"认同和鼓励"（也很简单，就是每个团队每个月认可一位其他团队的同事，形式不限，可以是送一张卡，内部会议上公开表扬，或群发一封感谢信）。

但在这个基础上，需要明确一点，就是哪些事情和行为能够达到"认同和鼓励"的标准。只有在统一的口径和标准之下，大家才能对结果形成共识，并逐渐形成好的惯性。

关于如何带大团队，可以分享的内容还是不少的，不过限于篇幅，先告一段落。下面我想讲讲 2016 年上半年发生的另一件大事，也是一件在我看来并不愉快的事。

史上第一个"需要改进"

由于大环境变化和组织未能及时转型等影响，D 公司在过去两年经历了业绩上的挑战，非但没有实现预期增长，反倒在一些关键业务线上有所下滑。由此可想而知，管理层压力很大，而此时美国总部似乎开始有了些不同的想法。

首先是 2016 年的 5 月，美国总部派了一队人过来对供应链业务部门进行审计，由于之前曾经经历过好几次审计，所以供应链业务部门并没有把这个事情太当一回事，只是按照"常规套路"进行着各种准备。毕竟当时业务持续增长的压力比较大，主观上我们是不希望审计影响到正常业务的，加之上次审计取得了非常好的结果，所以对这次的审计多少有点把握，预计也不会有什么问题。

然而结果始料未及，这次审计基本上可以用"鸡蛋里挑骨头"来形容。

由于一些市场差异和客观原因，D 公司当地的流程和系统都与总部有不少差异，以前都可以通过沟通来平稳过渡，但这次的情况，无论你怎么解释，只要与总部不一样的流程都被定性为高风险事项，然后把前几年已经定了性的老账再拿出来翻一遍。

比如，D 公司有一家工厂由于各种客观原因，导致消防证持续没有办下来，但事实上我们已经就此向总部供应链和环境健康安全部门进行上报，并坚持按照国际标准配置的消防喷淋系统，每年还坚持 2 次以上的例行消防演习，但总部的审计就硬是卡着"万一发生火灾可能会导致非常严重的后果"这个理由试图把问题的严重性往上提。

类似的问题还有很多，整件事情前后连续折腾了两个礼拜，吵架和争论也成了家常便饭。总结会议前一夜，成了我在 D 公司工作期间的唯一一次失眠，脑子里全是在想该怎么回复之前的各种问题。当然，对方提出来的各种问题原则上都没有错，但是否需要提出来很大程度上取决于总部管理层对当地管理层的信任程度，基本上也可以想象审计团队来中国之前肯定也是得到某些层面的授意与暗示，后面的一系列事情也再次验证了这一点。

总而言之，5 月底之前，审计终于结束了，结果是"需要改进"（Needs Improvement），意思就是你们不太好，需要改进，没有达到大家预期的"满意"（Satisfactory）结果。对于这个结果，我内心感到有些羞愧，一方面因为这是中国区历史上的最差审计结果，另一方面也让我对自身能力产生了一定程度的怀疑。但 J 总和 G 总（大中华区总裁），以及管理团队的反映似乎比我预计要好一些，虽然结果大家都很不满意，却没有对我本人过多地责备，包括老板在内，都心照不宣把责任归咎到了某些不可抗力。

二、J 总的离职和两份大礼

意外的告别

不愉快的审计结束了，时间悄然进入到 6 月，立即发生了一件让我无法接受的事。记得那是一个周五，J 总把我们一帮直接汇报给他的人叫到一个会议室，然后很平静地对我们说："下面宣布一件事，是关于我的，我经过反复考量，最终决定离开这家公司，希望大家能够理解，在接下来 1 个月内会有我的继任到岗进行交接。"

他说完后整个会议室鸦雀无声，也许这就是"不知所措"的正确含义吧。

对于我来说，一个在 5 年时间里让你升职两次的老板，意味着什么不言而喻，而他本人也是从一个普通的财务分析做起，并伴随着这家公司在十几年时间里的一步步变大，最终做到区域级的 CFO，他对这家公司的感情又意味着什么……其实现在回想起来，他的离开，是可以感知到一些东西的，只是当时包括我在内的大多数人应该都还没有这种感觉。

而当时我的想法是，D 公司在经历了 2~3 年的挑战后，自身也完成一定程度的转型，短期内已经看到了业务层面的一些起色，并预期在接下来的一个财政年度内会打场"翻身仗"。J 总的离开很可能对我个人后续的发展以及稳定性产生一定的影响，我当时也不太理解，为何在业务已经有些起色的时候，J 总选择离开呢？而这种不理解在持续了几个月之后，谜底就揭开了。

两份礼物

J 总的离职是意料之外的，但让我更加意料之外的是，他居然在走之前还送了我两份大礼：

（1）接手税务工作。其实在外企，税务工作并不复杂，除了常规的纳税申报外，就是一些外企特色的转移定价、非贸付汇、关务，等等。基本的标准流程都是会计师事务所出份报告，总部认可，地区执行即可。但 2016 年却非常不一样，那年的 2 月，财政部部长楼继伟在全国财政工作会议上表示，2016 年将全面推开"营改增"改革，将建筑业、房地产业、金融业和生活服务业纳入试点范围。

这就意味着那一年的税务工作会涉及许多上下游的协同，关联方沟通，以及系统调整的工作，从结果上也是可以快速地产出可以被量化的价值。而那一年，通过各种业务模式的调整和优化，的确也在这一块为公司带来了不少现金流优化。从工作职能来讲，我也成功地延展到了企业的税务管理。

（2）5 万块钱的培训费报销。其实这个点源自我私下跟老板提及希望去报考一个国际管理会计师的证书来自我提升一下，可能是担心他走了之后我也会生出要离职的心思吧，所以乘这个机会给我争取了这样一个"福利"，当然条件就是在接下来的两年内不能离职，否则按比例返还培训费。

D公司到底是一个国际化的公司，新老板也很快确认了，是一位在欧洲地区某个事业部的财务副总裁，英国人Richard，业务上很专业，待人接物也非常绅士，在我看来是一个非常不错的老板，当然因为他在中国一个月只待2周，所以也给了我很大的自由度，工作上有了更多的责任，自然也提供给了我更大的空间。

三、一次"领悟"与一次"突破"

CIMA带来的领悟

先说领悟吧，源于之前提到的国际管理会计师证书的学习，这个证书是来自英国皇家管理会计师公会（CIMA）的全球管理会计师（CGMA）资格认证（前文曾提到过CIMA后续与美国注册会计师协会AICPA合并组建了全球最大的会计师认证国际组织）。当时想要学习的主要原因就是因为这个证比较高端，认可度在国际上也非常高，至少当我在英国念书的时候就是这样的认知。

领悟是基于培训的内容，以及CIMA协会关于管理会计师的能力模型所带来的启发。回首过去十多年的从业经验，其实不难形成一些固化的思维模式，而财务工作更容易让人在判断和决策过程中偏保守，偏风控意识，虽然"业务伙伴"和"业财融合"也经常被强调，但大多数人还是会习惯性地对一些事情去说"不"，这一点在相对更加强调"合规"与"管控"的外企更为普遍，而CIMA的学习则给了一个全新的思路与视角，相对于记账、出报表和管控风险，财务的价值更大程度上体现在服务业务、提供决策支持、增加企业价值。而这次学习也直接触动了后面的一次"突破"。

价值6 000万元的突破

先说结果，这次"突破"，就是在2016年，由于会计政策的调整，为公司单年创造了6 000万元的息税前利润，而这个结果，很大程度上受惠于CIMA

学习对认知的改变。

说起来这个事情跟 D 公司的商业模式有很大的关系，由于产品带有很强的商务和福利礼品属性，所以有大量来自门店预付费卡和预售提货券的现金收入，而根据习惯上对会计准则的认知，只有顾客来提货或消费时才能确认为收入。

具体内容见下表。

会计处理与交易内容

交易场景	交易内容	会计分录 （不考虑税费影响）
售卖礼券和预付费卡	收入现金，确认合同负债	借：现金（银行存款） 贷：合同负债
兑换产品	确认收入，冲销负债	借：合同负债 贷：主营业务收入
	消耗产品，结转成本	借：主营业务成本 贷：存货

这种模式的确可以给企业带来大量的预收款，解决现金流的问题，但同样也会面对一个问题，就是总有一部分永远都没有人来消耗的礼券余额，那这块儿难道永远不确认收入了吗？所以总部就一直在动脑子，是不是可以把那部分收入做一个测算，提前确认，这样就能多出一块利润，大方向上可以提升一下公司的利润，同时大家的奖金也有机会多发一点。

然而在实操层面却出现了问题，虽然上述这个提前确认收入的逻辑是合理的，但确认多少，什么时候确认都需要进行测算，而最终能否确认还要得到外部审计师的确认。一开始我们本着传统思路，试图通过列数据，分析趋势，甚至做数学模型来证明对应的比例。

但外部审计师一直以数据量不充分、无法预估未来风险等理由不认可我们的处理方式。而这个事情也从年初拖到年中，直到 J 总离职，Richard 到岗后都没有结果。

正在一筹莫展之际，CIMA 学习提供了一个新的思路：拨开表面的问题，去探寻问题背后的核心问题。在这件事上，我其实一直执着于"我如何通过自己去证明这个事情的合理性"这个点上，而不是去思考"如何让审计师相信这件事情的合理性"这个核心问题上。想通了这一层之后，再深入想一下，其实整件事情的核心并不是我们如何去理解会计准则，而是基于现有的历史数据如何对未来进行合理预测，以及预测的权威性，当想明白这点后，解决方案瞬时便浮出了水面，即：我们为什么不能去找一家专业的精算机构来为我们的预测结果进行背书呢？

当想明白这一点后，突然发现一切都变得那么顺畅，由于 D 公司的保险经纪公司本身就有精算业务，而且也是英国非常老牌的精算品牌，所以很快就对接到了资源，并以比较便宜的价格（不超过 20 万元）签署了服务协议。而审计合伙人听到是这家公司做精算时，一切似乎都变得好说话了，唯一的纠结就是希望我们在中方的会计准则下依然保持原有的记账方式，而只是在美方报告中进行调整，这一点倒也正合我意，他希望减少审计风险，随后便很快速地形成了方案上报美国总部。

这次"领悟"的直接影响是带来上面的这次"突破"，当然也在之后改变了我对很多问题的思考。

四、一帆风顺中的"变数"

那一个财年，我们公司的绩效和表现都非常好，诸如销售增长和利润指标都完成得很不错，大家似乎都看到了多年努力和辛苦换来的曙光，而 10 月的另一次总部审计，我们也是打了一场翻身仗，重新夺回了"满意"（Satisfactory）的评估结果，而表面上一帆风顺的背后却蕴藏着各种暗流。

区域重组与 G 总"退休"

首先是在那年 6 月，总部宣布北美总裁成为全球的首席运营官（COO），也可以看成是 CEO 的继任者；8 月则是宣布了国际部总裁离职的消息。如果说前面一个消息对大家不过是隔靴搔痒，后面一个消息对大家的影响就很大了，国际部总裁的离职，意味着国际部要被重组，大中华区作为国际部的一部分，自然也在重组的范围内，那也就意味着大家的汇报线，以及区域的管理层都有可能会发生变化。直到此时此刻，我才意识到前老板跳槽背后隐藏的深意。

悬念其实也没有持续太久，11 月的一天，在经过了层层沟通后，终于被告知大中华区的总裁要"退休"了。当然大家都知道是怎么回事，联想到之前的审计结果，老板离职，组织架构调整等，前后故事逻辑似乎都是那么清晰。总部还是给了我们总裁非常高端的"礼遇"，无论是退休的"公告"，还是之后的一系列会议沟通和告别晚宴，都做得很到位，让人感觉很舒服。

然而，12 月的某一天，新的组织架构被公布了，大中华区不复存在，取而代之的是亚太大区，即一个业务规模为大中华区 1/3 的东南亚地区与大中华区合并，而东南亚的总裁成为新的亚太区总裁，当然这次宣布只是针对大框架与核心管理层的变化，而涉及我这一层，以及我下属团队的具体架构则会在春节后再公布。那好，问题来了，后面的架构变化会怎么调整呢？

犹豫中的"断舍离"

其实早在 8 月公布国际部总裁离职的消息时，我已经意识到了未来的不确定性，在感慨 J 总先见之明的同时，也意识到似乎又到了要重新开始找工作的时间了，10 月之后，我就开始与一些猎头接触，并陆续开始寻找一些新的机会。

第一家公司，是全球最大的欧洲玩具公司，职位是一个类似内控总监的中国区职位。虽然不是上市公司，但有着非常完备的公司治理机制，而且即便是成年人，我也很喜欢这家的产品，再加上近年来的财务数据都非常健康，尽管工作范围和团队规模比起现在要小，但我本人还是很心动的，所以就让猎头帮忙安排面试。

面试的过程挺磨人，首先与人事进行了一个电话沟通，然后约到对方办公室与直线和虚线老板进行了 1 个小时的电话面试，随后又被安排做了一个线上测试，再次到对方办公室进行面对面的面试，本来以为很快就要出结果，但没想到过了一周后又让我过去面一轮视频，然后就没有然后了。

其实面对这个结果我也很快便释然了，毕竟过去一年整体来说还是比较顺利的，所以这一年出现些波折也不意外，更何况当时并没有说非离开不可，而且坊间还流传即将退休的 G 总提名我来担任中国区首席财务官的流言。但是我知道这个可能性近乎零，因为根据 D 公司的传统，任何区域高管职位的内部升迁，一般都要有一段在海外总部历练与工作的过程，一方面你能在总部进一步接受企业文化的熏陶，另一方面也能近距离地了解内部的组织架构的运转逻辑。对于缺乏这段经历的我来说，就算有了 G 总的力荐，也几乎不可能走上这个岗位，但内心还是希望能在 D 公司再干上一段时间，毕竟那年的绩效如此之好，5 月份发放的年终奖金少说也有十几万元之多，再加上需要 24 个月分摊的培训费，多重原因之下想走也是需要勇气的，但就在这个时候，一件让我足以鼓起勇气决定要走的事情发生了。

看尽长安花

由于 D 公司仓配物流业务整体外包给一家公司，而春节旺季的订单量又特别巨大，导致岁末年初对这家公司一直保持着大约 1 亿元左右的应付账款，当然我们也是完全按照合同账期结算，并没有故意拖欠供应商，但这对于供应商的资金压力却很大，所以对方的负责人每个月几乎都要来找我，问问能不能提前结算一部分钱。

出于对供应商的长期合作考量，我当时同意以银行的贷款利率扣除一部分财务费用给他们提前结算，并同意在元旦前一起吃个饭聚一下，但没有想到的是，吃饭过程中对方居然直接拿出一个 A4 纸大小、厚度 2 厘米左右的牛皮纸袋，说："这是一点心意，帮过我们的人，我们都不会忘记的，以后还要长期合作。"

虽然之前在从事内审工作时，曾多次处理过类似的事情，但第一次自己面对这样的场景，冲击力还是很震撼的，回想一下当时脑子里立刻呈现了三个问句：

（1）我该怎么拒绝？

（2）这里面有多少钱？

（3）其他人会收吗？

虽然最后没有拿那个"牛皮纸袋"，我也不记得最后是如何拒绝的，但后面两个问题却一直在困扰着我，而这也触发了我对另外一个问题的思考：如果给我更多的钱,我会心动吗?讲实话,这种对于人性的思考还是挺锻炼人心智的,意志和信念在诱惑面前就是那么不堪一击,继续下去我能不能经受住考验,抑或成为那个群体中被排挤的"异类"?

既然如此,不如还是走吧!毕竟有人说过,公司就像一辆公交车,如果你不能陪他开到终点,那你就要在车上收获最多的风景再下车,这5年多的时间,也是到了"看尽长安花"的时候了。

五、复盘与总结

两个"里程碑"

年初临时性的销售财务支持工作经历加速了我的思维认知的改变,而第一个"里程碑"是通过带大团队所收获的一次真正的跃迁。所以我特别把整个过程比较重要的心得和经验梳理出来分享给大家。因为虽然不同的组织有不同的文化,但团队核心还是"人",在这点上还是有很多共性的。无论是有效的沟通,关注更重要的事,还是鼓励互相了解与认同,在任何组织都是可以用得上的,这一点在之后的工作经历中也得到了验证。

另外我觉得特别幸运的就是在这一年选择了 CIMA 的学习,一次全面性关于管理会计知识体系的梳理,并通过一些理念和案例的学习进一步提升了视野,也进一步理解战略财务的一些要求和标准,并真正意义上启发在"礼券调整"问题上的思路突破,实现了一次个人职业生涯中另一个里程碑(6 000 万元收入和利润的确认)。

"特别"的烦恼

生命中第三个本命年,整个 2016 年发生了太多太多的事,用"情绪过山车"来形容这一年一点不为过。总的来说是有得有失的一年,其实在服务于之前几家公司的期间也经历过高层的变化,但由于那时候的职位较低,这些变化对我个人来说几乎没有任何影响,但在 D 公司由于已经进入了高管层,所以才会因为这些变化感到特别敏感,这大概是职位上升到一定程度后所特有的烦恼吧！

迷茫与决绝

虽然直到年底，D公司依然没有公布新的管理架构，我也明确知晓不可能往前更近一步（成为中国区的CFO），但对于即将在春节前后公布的新架构还有那么一丝期待。毕竟自己在别人眼里价值多少还是很重要的。不过最终的决定还是要离开这家给了我很多，我也留下了很多，并难以割舍的公司。

由于年底前还没有敲定下一家公司，对个人的前途和未来感到有些迷茫，也就是在这样的环境中，迎来了2017年，当时并没有想到，这一年的开始，我居然开启了一个职场的全新篇章。

2016年底，36岁，月薪43 500元，年薪68万元，D公司大中华区财务控制总监

第十二章
（2017）白驹过隙——定格与转身

人物关系：

◆ K 领导 —— E 公司高级财务总监，主角在 E 公司的领导。

过完了 2017 年的春节，新的财务部组织架构就出炉了，我的汇报关系转到了新的亚洲区 CFO，同时还兼任了亚洲区的内审工作，这些变化早在预料之中，管理的职责非但没有变小，反而适当地扩大了。对此，理论上讲我似乎也应该感到高兴才是，可真实的情况却一点都开心不起来，反倒是更加坚定了想要离开的决心。

一、外企生涯的定格

受不了，也做不到

其实早在年前大架构宣布后，以"外籍华裔"和"亚非拉伙伴"为主的新管理团队就已经开始对老团队进行清洗，原来的大中华区管理团队在短时间内十去七八，剩下的要么选择主动跟随，要么被动远离。

对于新班子迫切地希望将其控制力落地的心情我是完全可以理解的，但在当时我不能接受也不太能够理解的是，整个过程缺少了必要的尊重。

至于为什么会出现这样的情况，我个人的猜测可能在他们看来，你们中国团队在过去十几年所取得的一切成就基本都来源于中国市场的自然增长红利。然而，现在你们这帮思维僵化，又自以为是的"老家伙们"已经到了该退出的时候了，而且公司给了你们这样的"黄金降落伞"，还不应该感恩戴德？

至于业务，我们这些欧美跨国大公司打拼多年的职业经理人，头上多少且都顶着知名商学院 MBA 光环，再加上在东南亚的跨文化环境中纵横驰骋多年的经验，难道还不如你们这帮来自本土的"草根"吗？

在这样的形势下，期望 D 公司的业绩在新管理层的带领下能够持续稳定增长基本是痴心妄想。如果此时我选择留下，只可能有两种结果：

（1）为业绩出现问题后暴露出来的一系列管理问题"背锅"（担责）。

（2）把这些"锅"（责任）甩给前任的管理层。

对于上面两种结果，前者没有能力承受，后者则是实在做不到。既然如此，那自然不会再因为职责范围的扩大而有任何一丝犹豫了。由于之前就已经开始寻找机会，所以新的工作在春节过后没多久就定了下来，只是这次的工作和之前比，变化非常大。

很不一样的新机会

简单介绍一下这个新的工作机会，这是一家互联网背景的新能源汽车公司，简称 E 公司。至于为何这是一个"很不一样的新机会"，主要是截至 2017 年年初，其成立还不满 3 年，刚刚完成了 C 轮融资。虽然网上到处都是这家公司的新闻，但直到我入职前，该公司却连一辆能在公共道路上行驶的车都没有，所以当时还是有一点犹豫的。

随着了解的逐步加深，特别是知道了 E 公司的创始人、投资人，以及目前已经在职的高管背景后，我的认知被逐渐改变了。毕竟这些比你更加优秀、更加资深、更加聪明的人的选择，让你不得不认真地去对待。

而我直属老板的履历也高得吓人，也是我职业生涯中唯一的女老板，为了以示区别，后续就称为 K 领导。我去 E 公司面试的时候差不多是 2017 年的 3 月，K 领导当时入职也不到半年，负责整个市场前端、售后服务，以及汽车金融板块的高级总监，在入职 E 公司前担任过某个外资汽车集团在华的首席财务官。在面试的时候就感觉特别投缘，聊得非常愉快，坚定了我加入的意向，所以就静等录用通知到来。

失之东隅，收之桑榆

录用通知来得很快，不过拿到录用通知书时还是让我有了一丝顾虑，至于为什么，我们先来分析一下这个录用通知书的内容：

职位：财务合作伙伴（Finance BP）。

职级：副总监。

工资（含奖金补贴）：较目前增加 40%，直接把税前收入拉到 7 位数。

股票：若干（据说上市后可以换上海内环一套房）。

不得不说，当时 E 公司的确是规模较大，轻而易举地帮我在 36 岁前实现了年薪税前 7 位数这样一个曾经很向往的目标，后续可能的资本收益（股票）也非常诱人，但顾虑多少还是有一些：

（1）职级比我现在低，从总监变为副总监。

（2）由于学习 CIMA，费用报销后未满两年服务期，所以对应部分培训费还要退还。

（3）由于当时 D 公司财年还没结束，当时离开的话可能损失 15 万元左右的年终奖金。

当然，除了这些"损失"和"顾虑"，以及收入上直接带来的大幅提升外，E 公司的工作，还是存在着不少"非物质"类的吸引点的，比如：

（1）对于一直在大型传统外企的我来说，可以解锁民营互联网创业公司的经验。

（2）对于大部分时间都在消费品企业工作的我来说，可以解锁汽车公司的经验。

（3）对于长期从事内控、核算与合规财务工作岗位的我来说，可以解锁当时刚刚开始流行起来的财务 BP 工作经验。

（4）虽然外企的职位级别高，但说到底也就是一个地区的财务职能，加入 E 公司也可以理解为解锁了集团总部的财务工作经验，离战略决策更近了一步。

虽然有得有失，但也算是失之东隅，收之桑榆，综合评估了一下，得到的还是比失去的更多。也就是在这样的背景下，我在 3 月中旬提交了辞职信，至今无法忘记提交辞职信的那一天，据说新的管理层正齐聚新加坡复核重要岗位人员的稳定性和风险程度，知情人士事后告诉我，我的离职风险被定义为中级，即不需要特殊保留，只要给他安排目前的工作就能稳定下来。

而我的辞职信也就是在那一刻已经发了出去，随后第二天，又是那位把我招进这家公司，成功挽留我第一次离职，并帮助我完成两次职业规划的人事，知性的 L 姐跟我进行了最后一次离职访谈，虽然依然表现得十分专业，但大家都知道那只是一种形式而已，事实上，我离开之后没过多久，她也选择了离开。

外企 12 年的终点

提完离职申请，自然就是一系列的交接工作，整理了一下，回忆自己在外企工作的 12 年时间，其实得失还是不少的，所以在这里有机会也总结一下心得与感受。

1. 专业技能

很多人觉得财务行业的专业技能就是看你对准则和税法熟悉程度的多少，以及在与业务人员沟通过程中能在多大程度上感知到对应的财税风险，并坚持原则，帮助企业平稳和健康地发展，这种想法其实是对于某位著名人士提出要求财务人员"不做假账"的一种精神和理念的传承，也是财税人员自我保护的一种本能，这一点无可厚非。

而目前来看，如果你只能做到这一点，那你最多也就是一个合格的财务人员，离"专业"二字依然相去甚远。我记得在英国读书的时候，上过一门叫会计理论（Accounting theory）的课，整篇课程的内容现在几乎全忘了，因为这与你的实际工作几乎没有任何关联，但有一个词我却永远记住——政治化（Politization）。大义就是企业会计制度也好，不同国家的公认会计准则也好，甚至与会计制度相关的税收法规也好，都是基于政治化的考量而产生的，也就是说任何会计政策和制度的落地都与上层建筑和政治导向息息相关，所以财税制度本身是无法脱离整体的经济大环境的。

基于上述逻辑，在会计准则和税收法规之外，财务人员必须要能对经济大环境和政策导向有相应的把控和洞察能力，从而才能在为企业把控风险的同时，找到提升价值的机会和空间，帮助你的业务团队化被动为主动。

当然，很多人还会讲财务分析技能也很重要，但分析的实质是什么呢？还不是基于历史数据与合理假设对未来进行预测吗？而这些依然是政治化的一部分。

2. 行业选择

咨询、餐饮、制造、快消，这些是我在过去 12 年中所服务过的四个行业，能够有这样的经历我觉得还是挺幸运的，因为亲眼见证这些行业的起起伏伏，甚至是大起大落。有人可能会问我，你做过这么多行业，你觉得现在哪个行业好？我所在的行业是否有前途？

我的回答是，任何行业都有周期，也都有起伏，在任何阶段进入这个行业，都会有收获，但显然选择一个在上升阶段的行业，机会更大，然而机会更大意味着风险更大，快速上升代表着不确定性和内外部风险同时上升，过去几年大家看到的互联网金融，或者各种共享和团购平台的起起伏伏都已经证明了这一点。

至于企业性质的选择，这一点我没什么发言权，毕竟这 12 年都是在外企工作，不过有一点是可以分享的，就是时空和环境的不同让这个问题没有唯一的答案。但有一点是比较明确的，就是现在和将来的外企并不一定能比民营企业更好地提升你自身的职场竞争力（关于这一点，如果想要了解更多，可以网上搜索"外企老白兔"五个字了解更多）。

3. 收入提升

"收入"也许是大家最关心的内容吧，我用了 12 年时间把年收入（税前）提升到 7 位数，这虽然远不是一个值得炫耀的成就，不过对于广大一线城市外企中努力打拼的人来说，应该也算是个可以"给自己一个交代"的结果吧。

而我认为，对于大部分人来说，这也是可以借鉴和复制的一条路径，毕竟整个过程中不需要承担创业的风险，不需要适应不同的企业文化，只需要保持对自身优势与不足的清楚认知，并不断提升和补缺就行了。

其实当时也曾经想过，暂时从外企离开，如果在创业公司不适应，还是可以考虑未来回到外企，但从后面的发展来看，终究还是离外企越来越远了。

二、新的旅程，从郊区大排档开始

对于一个在外企干了 12 年的老员工来说，第一天去一家民营企业上班，心情还是非常复杂的。心情虽然没有写在脸上，但是各种紧张、好奇和兴奋的情感还是非常复杂的。

正常入职流程倒是跟外企没什么不同，人事介绍企业文化、公司历史，也算是标准流程，但等到了工位之后，还是有一些失落的，毕竟从市区五A级写字楼到了郊区的"大排档"（没有隔断的公共区域办公桌），落差甚为不小。不知道是不是被K领导看出来了一些不适，所以第一天跟我简述工作职能的时候，特别强调说这里除了副总裁级别及以上，都是坐大排档的，我们毕竟是创业公司，还说一开始她也不习惯，毕竟之前在外企的时候办公室都很大的……说实话，领导能这么说我还是感觉挺实在的，既来之则安之，一家三年不到的创业公司，也不能更不应与跨国企业去对标，我看重的还是这份历练和未来的可能性。

既然新的工作已经开始，自然就要适应新的节奏，下面就讲几件有代表性的事情来与大家分享。

什么叫财务BP

一般来说，外企或规模比较大的企业招聘前，对于某个岗位，都会有一个类似"岗位职责描述"的文件，有的是贴在招聘网站上，有的则是通过猎头公司发给候选人，但E公司却在招聘时是只有职位没有职位描述，而在确认录用后的录用通知里还有这样一句话"请在入职后2周内与自己的主管确认岗位职责。"

其实这在创业公司是非常普遍的现象，毕竟组织架构和业务模式每3个月都有可能有比较大的调整，所以事先写好的职位描述等新人进来时可能已经过时了，既然如此，不如省去"写职位描述"这种无效的时间和资源投入，也算是合情合理。不过这种"合情合理"对于刚从外企出来的我来说还真是有点不习惯，所以入职后第一件事就是希望跟K领导尽快把"工作内容"确认下来，然而领导的一番话让我颇为意外，她说："我也没做过BP，不过我的理解就是BP的工作职责就是跟着业务走，业务去到哪里，BP就要去哪里，业务想要去到哪里，BP就要提前想到，所以职位描述意义不大，关键是对于业务要有前瞻性的预判，以及能及时反馈到财务端，以及从财务到业务层面的支持，你目前的职能就是支持市场前端，包括品牌、传播、销售、城市运营等所有我们能想到的话题以及我们还没有想到但老板想到的话题。"

这段话乍一听下来感觉处处蕴含着哲理，但似乎又不知道该从哪里开始起步，E公司的布局非常大，不但要设计和制造高端的新能源电动汽车，还要做当时非常特殊的"直销"模式，所有的售后都自己来覆盖，并且还兼顾着整个充换电网络的布局与运营，甚至还寄希望于把整个电动车周边的产品和生活用品做成一个独立的电商平台。除了中国以外，同时在德国、美国和英国设立了设计中心、研发中心以及电动赛车车队等诸多业务，除了海量的投资与惊人的"烧钱"速度外，可想而其知这种颠覆性的商业模式其背后的业务逻辑有多么复杂了。

"非典型"民企

在这种情况下，我选择了两个方法来应对最初的一段时间：

首先，尽可能厚着脸皮去认识所有相关的业务部门负责人，能约午餐的约午餐，能约咖啡的约咖啡，然后就是尽可能参加所有业务部门的会议，了解业务的诉求，并通过业务的诉求来自我解析财务给予的支持，以及可能遇到的问题和风险。

其次，每周把参加的会议及相关的工作内容，以及下周的计划形成对应的简报送给领导，并且尽可能每周和领导能够有半小时左右的面对面沟通。

事实证明，这样的做法还是非常有效果的，毕竟很多东西都是新的，所以通过一种比较积极的态度和行动来尽快熟悉和了解可以说是十分必要的，同时能够把了解到的内容进行整理并结构化输出，这样也能让领导比较放心。

看到这里，有些朋友可能会问，你向领导汇报的内容是不是有一些跟领导了解到的是一样的？这种情况是不是就不需要重复报告了？其实这种担心毫无必要，因为：

（1）如果你汇报的内容和领导了解到的内容是一样的，那其实正好也是一种"交叉验证"某件事情重要性的方式。

（2）书面汇报的内容，完全可以作为在面对面沟通时的一个话题进行适当展开，形成对应的工作计划，提升沟通的效率。

就是在这样的节奏下，我度过了自己在 E 公司的前两周，也算是初步适应了创业公司的节奏。比较出乎我意料的是，想象中的加班忙碌基本没有出现，周末除了去了一次上海车展（严格来说这也不能算是加班）外，基本没有被要求加班，哪怕是在家办公的情况都没有发生过，这反倒让我产生了一丝自己依然在外企工作的"错觉"，甚至认为创业公司大概都是这样的，直到后续有一位前辈点拨了我一句"E 公司不是典型的创业公司（民营企业）"，才让我豁然开朗，而后续的发展也验证了此言非虚。

走马灯似的换人，比翻书还快的架构调整

虽然有一种仿佛身在外企的错觉，但毕竟不是外企，至少有一点还是非常有民企的特点，所谓的组织架构高频率调整，而身边的人也像走马灯一样地在换。

先说组织机构，一般最高管理层以下会设立若干直接汇报给总经理的一级部门，自我 4 月正式入职 E 公司后，到 6 月期间，几乎每个月都能收到关于一级部门主管或架构调整的内部公告，这倒也不是 E 公司特别的与众不同，而是创业公司的常态，毕竟是新模式，即使使命、愿景、价值观这些都不会变，但战略解码和目标实现的路径必然与计划的会有所差异，所以就需要通过组织架构的调整去不断修正和纠偏。

同样的道理，既然目前的组织架构需要进行调整，那对应的支持团队也需要调整，之前也说了，E 公司成立初期，因为资金实力足够强，花钱也大方，吸引了很多在外企已经做到比较高职位的职业经理人加入，但这些人加入之后难免会有水土不服的情况出现，原因无外乎以下几点：

（1）习惯于带团队、定计划、做管理，但已经不擅长在没有资源支持的前提下去做从零到一的基础工作。

（2）长期在外企，面对的都是规范化的流程和标准，在灵活度要求较高的民企，身段无法做到足够的柔软，面对老板天马行空的项目表现得无所适从，并逐步对自己的选择产生了怀疑。

（3）无法在短期内交付可以量化的成果，即找到"速赢点"，从而逐步在老板眼中沦落为"高薪低能"的人，这种在一些需要由具体结果交付的业务职能尤为明显。

（4）在面对任何新的任务时，首先想到"这是不是我的事，我该不该做"。

当然，上述讲到的"水土不服"只是普遍情况，而对于长期自我认知为"支持性部门"的财务人士来说，对于第二点和第三点的感受会更深刻一些，特别是对于"合规经营"这四个字会更加执着。

毕竟财务工作在传统的认知中还是"降本、提效、控风险"，这一点天然与创业公司经常强调的"灵活不失控"存在一定程度的不匹配；而且在外企，财务更多是等着业务部门来询问和沟通的，很少会主动去征询业务部门的意见和想法，甚至于在沟通中常常会带有游戏性质的"免责心态"，所以这样一来一去，预期与实际情况就会有比较大的偏差，出现相对高频的"双向选择"。

就是在这样的情况下，当时跟我平级的 4 个副总监，在 3 个月的时间里前后走了 3 个，最长的生命期为 3 个月，最短的是 1 个月，有 1 个是自己走的，另外 2 个算是被领导"平稳劝退"的。而"幸运"的我在此期间也陆续被要求接手其中两个人的工作和团队，同时还要维持好自己这边的招人进度。

说到招聘，E 公司的人力资源部门还是非常给力的，毕竟不缺钱，而且短期内没有利润和成本的压力，所以不会像成熟企业一样对人头数量有较为严苛的限制。招人基本都对标市面上最好的候选人，工资基本上都是 30% 以上的加薪，所以在招聘人才方面的支持还是很高的。

这些应该也算是创业公司的特点吧，根据我的不完整统计与观察，能在这样的环境中生存超过 3 个月，只要公司还能存续下去，基本上你在这家企业"存活下来"就不难了，而后面就是如何"活得更好"的问题了。

面对快速的变化，我想最后再总结一句，就是既要能"拿得起"，还要能"放得下"，创业公司的组织架构变化是不可预测的，随时随地可能面对职能的调增或调减，相应地也会反映在你所管辖职能和管理团队人数上的变化，加人加活不代表升职加薪，减人减活则很有可能是被雪藏的前兆，但这里面不可控的因素实在太多，所以如何有技巧地维护自身的利益，同时用积极的心态去面对一切变化也是在创业公司和民营企业的一种生存之道。

用户为体验买单，企业靠效率挣钱

之前我提过，E公司的自我定位不仅仅是一家新能源汽车公司，而是志在革命性颠覆现有的汽车行业生态。既然是新模式，就需要给出一个能够自圆其说的逻辑，下面我就用比较抽象的方式来梳理一下大致的步骤：

第一步，呈现出一个可信度较高的"美好未来"，证明"需要被满足"的需求是真实存在的。

第二步，通过调研，以及实践的方式，验证并规划出一条能实现"美好未来"的道路。

第三步，证明我拥有别人不具备的能力和实力走完这条路。

而对于"美好未来终将实现"的信仰则源于创始人坚信"极致的用户体验"能为企业带来长期的成功，而在通向终点过程中，企业需要通过"体系化效率"来实现可持续的利润。

一切听起来都是那么完美，然而实际情况却并非如此，由于公司有着如此宏大的布局，所以在通向"美好未来"的道路上肯定需要烧掉大把的金钱，而且注定在短期无法看到回报。因此就需要通过合理的财务模型来支撑对于未来的信念，这也成了我在加入E公司之后的第一个任务，说起来也很简单，就是通过财务模型证明E公司要做的事比传统的企业更有效率，而所谓更有效率，从结果上来讲，就是在长期来看将通过更低的成本获取更高的利润，理想的确很"诱惑"，但实现起来非常难。商业模式是全新的，没有任何行业数据可以对标，所以所有的业务假设，甚至于假设的假设都需要进行"合理推断"，但又不能出现明显的逻辑漏洞，这个就更难了。

举个例子，E公司打算在城市最好位置建体验中心，目的是取代原来4S店的销售和部分服务职能，并且希望能证明，这样的模式除了能比传统模式带动更高的销量外，这些在市中心的体验中心二楼的车主"私人会所"，能为车主带来更为极致的"用户体验"，即所谓的"尊崇感"。

这在财务逻辑上就有好几个需要自圆其说的点，首先市中心的体验中心建造和运营的成本肯定比4S店的展厅高很多，但驻点的销售数量不一定更多，通过展厅来成就更多订单的逻辑可能会被挑战，所以就必须证明通过互联网的裂变营销能够大幅提升销售的效率；对于二楼花了大价钱造的车主会所，作为一个基本不会赚钱的资本支出项目，必须要量化出其对销量的正向影响。

诸如此类的想法和创新在 E 公司随处可见，并在持续地高频新增中，其实这份财务 BP 工作的挑战并不在于你在财务专业领域要有多强，Excel 函数有多精通，也不在于对于工作的投入要有多用心，而是在于以下三点：

（1）思考问题的方式和角度需要改变。

（2）对于关键核心问题与痛点的定位要精准。

（3）应对新的需求和变化，响应速度要快。

如果能做到上述三点，那在 E 公司差不多就能成为一个不错 BP 了。当然，这是我对自己和我团队设定的标准，所以并不是说你做不到就马上会被 E 公司开除。不过在如此环境中工作，能对自己提出更高的要求，客观上能力上还是有非常大的提升空间的。

三、大开眼界

我加入 E 公司是在 2017 年的 4 月，根据计划，2017 年 12 月会发布可以量产的旗舰电动车，而这期间的 7 个多月，基本都是围绕年底的发布会开展的。作为市场前端的财务 BP，我的任务就是负责与这场活动相关的预算，整个预算内容大致分为三块：活动运营，媒体传播与营销，以及作为发布会需要展示的"展车"。

反传统，造价八位数的展车

在这里先跟大家普及一下车企的工作流程，当车辆完成了研发和定型后，一般会根据现有量产的车，通过手工的方式拼接和改造，比如装上新设计的底盘、动力总成、内饰等用于展示和量产前的准备。由于是用不同的车身和底盘拼装（杂交）到一块儿，所以这种车被叫作"Mulecar"，也就是业内常说的"骡子车"。同时新车会进入小批量的样车试制，英文叫 VP（Verify Prototype）车，生产出来的 VP 车虽无法上市售卖或改装为展示车辆，但可以用来对底盘以及动力总成的性能进行测试，一般车企用来做"路测"的就是这一类车。

待样车试制完成后，会出现业内经常听到的 TT 车和 PP 车，TT（Tooling Trail）代表工装测试，PP（Pilot Production）代表试生产。这两类车的性能和质量，特别是 PP 车会比较接近于最后的量产车，传统的汽车公司都是在等 PP 车甚至量产车出来后，送去专业的公司进行展车的加工和装饰。

这套标准流程在传统车企运营下来都要 3 年左右的周期，而且已经成为一种行业习惯。这对于只成立了 3 年不到的 E 公司来说，主观上无法接受，客观上也没有能力去实现，但好在可以用钱来弥补时间上的不足。所以 E 公司就尝试着用前述的 VP 车去做发布会的展车，不过 VP 车的品质与最终的展车相差甚远，所以改装的成本就高得离谱，很多内饰件都要单独开模，因此预算一次次被拉高，从最初的 200 万元一台，提高到了近八位数一台的成本。对于不懂车的我来说，每次申请额外的预算调增都要经历心跳加速后逐步自我调适与平静的过程，虽然最后的确用钱换到了宝贵的时间，但代价还是太大了。

虎口拔牙，500 万元场地转让费

尽管为了这几台展车，E 公司几乎是做到了"烧钱"如流水的程度，但与最终的发布会活动比起来算不了什么"重大投资"。由于发布会的城市已经提前确认为一线大城市，所以在场地的选择上就相对有限，好不容易找到了一个时间和标准上都可以匹配的场地，却在准备支付定金与签署合同之前被告知，你们选择的这一天已经被某一位"老师"预订要开演唱会，还明码标价这一天还给我们要 500 万元的"转让费"。

当市场部负责发布会运营的女士向我诉说了这个处处透露着"诡异"的消息时，真是有一种忍不住要骂人的冲动，回忆了一下当时脑子里应该前后出现了以下几个想法：

第一反应是这位"老师"怎么这么厉害，又那么巧订到了这一天。

第二反应是虽然我不是很懂，但开演唱会包括前期的布场、搭建和走台，订一天的场地怎么可能开得起来？

第三震撼的就是那 500 万元了，还不给开票，不签合同，只收现金，且

一次付清，简直就是不可理喻。

但此时已经是箭在弦上不得不发了，说真的，别说 500 万元了，哪怕开价 1 000 万元也要硬着头皮上了，但公司不可能直接转账，只能让市场部的工作人员去找能走代垫费用的供应商，工作人员也毫不含糊，不到两天就说有一家供应商可以做，但有两个条件：

（1）代垫资金量比较大，所以希望我们能在付款后一周内把钱付给他们。

（2）风险比较大，所以要 20% 的服务费。

好吧，就算明显感到财务的尊严被无情地践踏，也只能硬着头皮上了，最后就是用了 620 万元的买路费，终于拿到了那天的场地。

史无前例，包机酒

场地拿到了，接下来就是邀请嘉宾了，除了合作伙伴、金融机构与投资人外，主要的参会嘉宾就是在 E 公司 App 上下了"意向订单"的用户了。所谓"意向订单"就是没有付过一分钱订金，但表示了有购买意向的 App 用户，为什么没法收钱呢？因为直到发布会前一天，最终的售价也没有确定，为什么价格没有确认呢？因为供应链迟迟无法确定最终的汽车成本，导致毛利一直出不来，所以为了"追求极致的用户体验"，CEO 最终做出了通过"包机酒"的方式，邀请全国各地的"意向订单"用户来此参加发布会。好吧，一场汽车发布会做成了一个当年最大的旅游团。

既然这么多钱都花了，那只要能把活动做好，剩下的就都是小事了，从过程和结果来看，团队倒是没有辜负老板的期望，老板也没有辜负用户的期待，的确做了一场非常成功的发布会，现场的氛围、媒体的评价、网上的口碑以及在线的流量都是极其的好，而随即在 App 上开放的"意向金"订单反馈也大幅超出了预期。

盛大且成功的发布会结束了，作为员工的我之前也尝试着下了一个"意向订单"，所以自然就享受并体验到了"包机酒"的待遇，因此也有幸亲眼见证了那宏伟的"烧钱"现场，并在现场氛围的渲染中完成了意向金支付的动作。

预算？只要现金

从发布会返回后，整个公司便是进入了 12 月的预算季，这也是我第一次亲身体验互联网公司是如何做预算的。一句话来形容就是，说简单很简单，说难真的很难，简单在于无论是采购、支出、人工、收入、投资回报率等所有指标都聚焦在现金维度，传统公司考虑的利润率、资产负债率甚至于毛利率基本都是放在第二位甚至不被考虑的。

所以传统意义上的财务工作还是比较简单的。要说困难就是各种不确定，但业务逻辑只要对用户体验的提升有帮助，就必须做加法，如果这个钱不花会有不利于用户体验的结果产生，就是违背使命、远景、价值观的行为，所以不能做减法。当然这绝不会是老板的原话，但在执行过程中多少动作会变形，甚至出现"价值观"绑架的现象。

至于体系化效率如何提升，资金的缺口如何满足，那是财务部和老板需要去考虑和平衡的事情，另外就是虽然订单和意向金收了不少，但由于供应链这边的交付时间迟迟未能确认，所以收入上也存在一定的风险和不确定。在这种情况下，预算不免要一次次地经过自上而下又自下而上的沟通重新确定，为了能完成预算定稿，所以最终很多项目预算都是以"先不放进全年计划，等到有需要了再临时增加"的沟通口径来"处理"，而预算也就在这样的情形下被"确定"了。

四、复盘与总结

回顾整个 2017 年，我觉得最恰当的总结就是本章的标题了，从篇幅来看，这一年的经历也是特别充实，以至于很多故事都无法展开。

不太华丽但还算平稳的转身

结束了 12 年的外企生涯，加入 E 公司成为一名"年薪百万"的财务 BP，总的来说是一个不太华丽，但至少还算平稳的转身，只是整个过程却不是那么"顺滑"。

犹记得 2017 年 7 月期间在参加英国皇家管理会计师公会（CIMA）会员资格评审时，评审的专家看着我，一脸不解地说："你过往的经历那么好，为什么放弃跨国企业的财务高管岗位，去一家并不出名的新能源汽车企业，难道你相信他们能做得比传统燃油车巨头更好吗？"除此以外，很多人对于我离开外企也表示"非常不理解"，不过多年以后再去评价当初这个决定，应该说还是正确的，毕竟这一年除了在工作上循序渐进，适应了创业公司的节奏外，工作性质也从传统的外企财务向 BP（业务伙伴）的职能进行转变，也算一个在比较恰当的年龄，开启了一个新的篇章。

充满不确定但非常憧憬的 2018 年

虽然来年充满着很多不确定性，内部存在着不少待解决的问题，但鉴于发布会的巨大成功，市场的反馈还是非常积极和乐观的。也不知道从什么时候开始，我变得渐渐开始喜欢这种"充满着不确定，但未来又非常让人憧憬和兴奋"的感觉，这也许是一种你开始变得适应"创业公司节奏"的信号吧。

而 2017 年 E 公司的两次大额融资更让大家普遍有种公司钱多得用不完的感觉，因此当年的年终奖金和加薪也是非常不错，我的月薪在 2017 年底从入职时的 66 600 元加到了 71 600 元，而且还拿到了额外的股权激励，算是一个意外之喜了。

2017 年底，37 岁，月薪 71 600 元，年薪 105 万元，E 公司财务 BP 副总监

第十三章

（2018）雾里看花——转型中的反思

人物关系：

◆ B 哥——E 公司创始人。

◆ K 领导——E 公司高级财务总监。

伴随着 2017 年发布会的成功，E 公司内部弥漫一片"2018 年要大干一场"的氛围。对我个人而言，通过从外企到 E 公司这家"非典型民营企业"的转型，也收获了许多。

如果说美中不足的，或者说让我有遗憾的，就是职位上从总监变成了副总监，所以这件事也成为我在 E 公司的一个心结。但想到 2018 年如果产品开始交付，销售端的任务也会比较重，资源投入也很大，伴随着企业的成功，个人的发展应该还是很有机会的。

但很多事情就是这样，你越觉得顺理成章，就越容易出现意外，无论对个人和公司都是如此，这也许就是整个 2018 年给我最大的感悟吧，下面就来讲讲这一年发生的事。

一、上半年：大事件

交付延期了

按照年末发布会的官宣口径，E 公司应该从 2018 年 3 月开始交付第一批量产车。也是因为这样一个承诺，所以年底和年初的订单走势非常之好，也因此 E 公司加班加点连带把春节假期都算上，以不惜代价和不计成本态度去完成 3 月交付的目标。

然而实际情况却有些事与愿违，整车量产与营销节奏的不匹配，以及 E 公司作为"造车新势力"，没有前期的积累，所以交付上客观存在压力，3 月初"如何面对延期交付"就成了一个需要认真面对的话题了。

对财务而言这也是一个难题，这里我们可以从业务视角出发，结合财务的影响进行一下解读：从创始人 B 哥和业务需求的视角出发，整体的战略思路就是能用更加高额的投入来缩短产品上市的时间，但基于 2017 年的整体生产制造节奏，不难看出这里面存在一定的风险。而上述这个风险将直接影响到最终产品的交付，对财务而言就要考虑到对销售收入和利润的影响，当然现金流的不确定性也会更大，而销售的进度同期也会影响到金融机构的授信，甚至融资的进度与金额。

由于在上年末做预算的时候就已经预见到了这一点，所以财务部在做预算的同时，也就不同的情况做了几套备案，包括 3 月开始交付，5 月开始交付，甚至 8 月开始交付，并给出了基于现有的资金储备，我们如何通过降本提效以及控制招聘节奏的方式来应对业务的不确定性。应该说这在业财融合的角度来看已经做得非常不错了，然而事实却是，B 哥的想法和做法依然让我们感到无所适从。

用户体验优先的试驾

一切都要从一场用户面对面的沟通会开始讲起，那天正好是周末，B 哥和一些"准车主"相聚在某个城市的线下展厅探讨交付的话题，同时也会就延迟交付给出相应的解释与说明，虽然没有被要求一定要参加或旁听，但本着"自觉"的态度，我也实时通过 App 收看直播。

整个活动大概前后 2 个小时，一开始创始人用内部共识的"话术"解释了可能会延期交车两个月的时间，同时说了对于已支付"意向金"的车主会给予相应的 App 商城积分补偿，可以兑换 E 公司周边产品。另外也就之前相对模糊的一些车主权益进行了澄清，比如买车后送保养、送洗车、送代驾之类的，相当于额外给了一些小惊喜吧，虽然在这次"福利"公布之前，没有跟财务部进行过任何"共识"与"沟通"，也没有要求测算过成本，但应该说这些都是在我们预期范围之内，但之后放的"大招"可以说大大超过了我们的预期。

这个所谓的"大招"就是 B 哥在见面会的最后宣布："虽然车的量产规模达不到之前所说的批量交付，但小批量车用于试驾是没问题的，为了最大程度确保用户体验，以及感恩所有'意向金'车主对于 E 公司的信任，所以在

4 月到 5 月这两个月时间里，决定在全国 20 多个城市，举办 30 场试驾，如果报名'准车主'不常驻试驾地城市或想去其他城市试驾，E 公司依然可以像去年年底发布会那样'包机酒'。"

此话一出，我脑子就如同计算机一般开始快速地运转，原本的确是有试驾的预算，但按照 B 哥的说法，如果真的要做下来，现有预算连 20% 都覆盖不了，必须面临大幅调增。但这么大的投入，在活动效果和投产比完全没有预先测算过的情况下，总是让人心惊胆战的。由于知道市场部周一就会来找我要钱，所以我在见面会直播结束后就向领导汇报了这个事情，没想到领导跟我一样，也蹲点收看了直播，也一样对于"钱从哪里来，是否应该花"这个问题没有答案，所以达成的共识就是，先和市场部一起测算下预算。

既然被定性为"一把手工程"，市场部的效率也是出奇地快，周一就给出大致的预算，看到这个数字后心里凉了半截，应该整体的预算比我心里的预期还要高出 30% 左右，当我质疑这个费用是不是太高，是不是能有预期回报分析的时候，得到的反馈居然是"这件事情涉及整个公司、品牌乃至创始人的人设，也就是所谓的公信力，这是无价的"。

瞬间感觉自己好渺小啊，既然服务标准上无法挑战，那就只能在后续的节奏上适当控制一下，先把前几场的预算批掉，后面就走一步看一步吧，兴许老板们发现这样做投入效果不明显，临时叫停，还能挽回一些损失。

但随着事态的发展，我发现这些顾虑都是多余的，因为这个成本过 9 位数的项目，B 哥从头到尾都没有问过关于"多少钱"的问题，甚至关于试驾场地，虽然每一个他都自己亲自前往现场看过，但只要看中了，就直接定了，基本后续也没有任何价格谈判的空间了。至于其他运营和车主服务，那都是本着一切以"用户体验优先"的原则去执行，酒店都要最好的，礼品要有格调的，场地要市中心交通便利外加风景好的，连空调都要按最高标准去配置。在这样的背景下，整个试驾项目如同一匹脱缰的野马越走越远，预算越做越大，虽然每一调整预算都会过明细和卡成本，但项目的惯性已经容不得财务在花钱这件事情上去施加更强的干预和影响了。

为什么要分享这个项目，主要是考虑到这是我职业生涯中管理过金额最高的市场活动预算，而这个项目从开始就注定财务可控度的不足。

复盘的目的其实并不是想告诉大家以后遇到这样的事如何能做得更好，而是希望告诉大家以下两点：

- 有些事情，作为财务，哪怕你再专业，再懂业务，依然很难根本性改变。
- 预算如此惊人的费用类项目，自然容易滋生各种腐败问题。

实话实说，通过项目预算的九牛一毛实现财务自由也不是很难的事儿。对于一家治理并非特别完善的创业公司，面对此类情况，相对于"在灵活不失控的前提下，驱动业务实现价值创造"的价值观，可能更优先的选择是如何在"确保程序正义"的基础上做到"独善其身"了。

地狱级难度的转移定价

传统车企在业内一般被称为主机厂，也叫作"原始设备制造商（OEM）"，他们会拥有完备的研发，供应链和生产制造体系，并对品牌进行营销和推广，但一般不会直接对终端车主进行销售，而是通过经销商集团，也就是俗称的4S 店和网络进行销售并完成售后服务。但 E 公司作为一家在全新模式下运营的互联网新能源汽车公司，选择通过第三方合作伙伴进行生产，通过互联网营销，通过 App 营造粉丝社群和获取销售订单，并通过线下展厅完成收单，通过交付中心完成销售。

应该说，对于汽车这个已经延续了 100 多年的"古老"行业，这样的做法可以说是一种颠覆，市场与终端的销售业务流程暂且不表，单是这供应链和生产制造的业务模式，就带给财务极大的挑战。为了能让大家明白其中的问题，我先简单介绍一下所谓："三方合作伙伴生产制造"的模式。

首先，E 公司负责所有汽车零配件和原材料的采购，然后签约一家内资的主机厂作为 OEM 进行加工生产，OEM 主机厂根据一台车收取固定的加工费用，生产过程中的物料损耗和材料成本差异由 E 公司承担，结算流程大致就是 E 公司先采购原料，OEM 主机厂生产，等车造出来了，E 公司根据原材料的标准成本开票给 OEM 主机厂，同步 OEM 主机厂根据开票金额加上加工费再开票给到 E 公司的销售总公司，随后 E 公司的销售公司再将车以一定的利润加成卖给各城市的销售子公司，随后销售子公司再把车卖给车主。也就说一台车，前后要由 4 个法人实体开 4 张发票，流程图如下图所示。

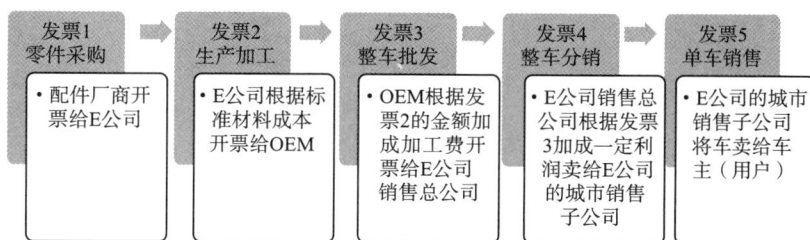

发票1 零件采购	→	发票2 生产加工	→	发票3 整车批发	→	发票4 整车分销	→	发票5 单车销售
• 配件厂商开票给E公司		• E公司根据标准材料成本开票给OEM		• OEM根据发票2的金额加成加工费开票给E公司销售总公司		• E公司销售总公司根据发票3加成一定利润卖给E公司的城市销售子公司		• E公司的城市销售子公司将车卖给车主（用户）

发票流程图

从流程图，大家可以发现过程的确非常复杂，而这里面还有一个关于新能源车补贴的问题需要解决。当时新能源汽车的补贴又分国家补贴和地方补贴，根据当时的国家规定，国家补贴必须由 OEM 主机厂的销售公司申请，而地方补贴在大部分地区可以由各地销售主体申请，但少部分地区必须由 OEM 主机厂控股的地方销售公司申请，这个政策则又再次把难度提升到了传说中的"地狱级"，下面就简单用一组虚拟数据做个假设：

- E 公司的一台车的原材料成本为 35 万元，最终售价为 50 万元。
- E 公司与 OEM 主机厂约定的单车加工费的 6 000 元。
- 根据国家政策给的新能源补贴为 5 万元，其中国家补贴为 3.5 万元，地方补贴为 1.5 万元。

根据上述条件，一台整车交易流程见下表。

整车交易流程表

步　骤	买　方	卖　方	发票性质	发票金额	备　注
1	OEM 主机厂	E 公司	原材料	35 万元 / 车	基于单车的标准成本批量开票
2	OEM 销售公司	OEM 主机厂	整车批量	35 万元 + 1 000~2 000 元	财务流程上整车的第一次售卖
3	E 公司销售总公司	OEM 销售公司	整车批量	35 万元 +6 000 元	财务流程上整车的第二次售卖
4-1	OEM 销售城市子公司	E 公司销售总公司	整车批量	35.6 万元 + 毛利	适用于需要通过 OEM 主机厂申请地方补贴的城市
	E 公司销售城市子公司	OEM 销售城市子公司	整车批量	基于上述价格 + 毛利	

步　骤	买　方	卖　方	发票性质	发票金额	备　注
4-2	E公司销售城市子公司	E公司销售总公司	整车批量	35.6万元 + 毛利	适用于可以有E公司申请地方补贴的城市
5	车主	E公司销售城市子公司	单车	45万元	最终产品交付

需要注意的是，上述流程中，任何一个交易环节对应的毛利都要算好，不能出现任何高买低卖的情况。从流程上来看，从 E 公司销售原材料给 OEM 主机厂，到最后由 E 公司城市子公司以 45 万元的金额开票给最终的车主，需要开至少 5 张发票。虽然比传统模式复杂了许多，但如果仅是如此，上下游如果能衔接顺利，再配合一个比较靠谱的发票软件，也谈不上我所说的"地狱级"难度，那是什么原因造成这件事如此复杂呢？下面我就举几个例子让大家感受一下：

1. 进销项倒挂如何破

由于工厂的库存有限，为了尽可能提高周转效率，事实上在整车完成生产后，就直接会运抵各城市的交付中心，车主完成付款后就会进行开票，以便于完成后续上牌和保险一系列的工作。所以最后一张发票会根据交车的时间来单个开具，而前面的几张发票，出于效率和流程优化的考量，一般会根据定期的结算数据进行批量操作。

这种客观上的流程非常容易造成"进销项倒挂"的风险，讲白了就是整个交易链条中存在有销售发票但没有采购发票的情况，不但企业要因此缴纳更多的增值税，而且金额过大的话很容易被税务稽查。对于成立时间不足一年的 E 公司城市销售公司来说，风险更大了。

2. 要命的补贴

关于新能源补贴的申请，按照当时国家的规定，车企在销售新能源汽车的时候必须将国家规定的补贴作为折扣优惠一次性给到车主，随后按照年度的销售情况，通过指定系统向国家和地方统一申请补贴返还，国家和地方政府则根据财政的情况按节奏返还到各车企。作为传统车企，由于车辆和补贴都是在自己内部体系中循环，所以只要把关键节点设计好问题就不大了。

但 E 公司情况就很不一样，特别是其中占比最高的国家补贴需要通过 OEM 主机厂来申请。虽然说根据主协议，OEM 主机厂答应补贴申请下来可以给 E 公司，但什么时候申请，怎么申请，什么时候给都没有谈。这就涉及两个集团公司、多个法人实体与不同部门之间冗长的沟通和谈判。

3. 产销分离导致的权责不对等

如果仔细阅读过我所说的生产制造和销售流程，细心的朋友们应该不难发现一个问题，就是 OEM 主机厂负责生产，材料成本全由 E 公司采购，生产过程中的损耗和差异也全由 E 公司承担。这种逻辑上权责完全不对等的业务模式，客观上就会造成大量的浪费和盘亏，这个窟窿如果不堵住，后续一定会对 E 公司整体毛利产生持续性的影响。

除了这 3 个比较重要的问题外，还有一系列的小问题，比如 OEM 主机厂自己生产和售卖的新能源车单价都比较低，大部分产品都不超过 10 万元，而 E 公司的产品单价较高，所以很容易造成 OEM 主机厂发票短缺，无法及时开票的问题。尤其是那些需要通过 OEM 主机厂的销售公司申请地方补贴的，就更容易造成发票不够用，需要到税务局申请增量和特批的情况。

财务 BP 的定位

类似的问题还有很多，这里篇幅有限就不一一赘述了，不过我讲了这么多关于业务流程的问题，大家是否觉得有点奇怪："你之前不是负责销售和市场端的财务 BP 吗？怎么跟生产制造端又扯上关系了呢？"

按照标准的流程来说，应该是供应链的 BP 团队和负责财务报表与税务的会计核算团队，与 OEM 主机厂这边的财务部门进行对接，但由于视角和关注点不同，这两个团队在很多问题上持续性地针锋相对，当时的财务副总裁心烦意乱，也不太愿意去抠细节，所以就安排我协同处理开票流程的相关事情。

当我听到这个消息的时候，说实话非常的无奈，同时也对这种"甩锅"与"和稀泥"的做法十分不认可，不过形势比人强，虽然明明知道这是一个吃力不讨好的工作，但在当时场景下也只能去接受。BP 的要求也是业务在哪里，就要去哪里，新模式下更是如此。

既然要做，就一定要做好，就一定要做出结果来。所以基本的思路就是根据之前提到的这些内容，把整个业务流程、开票流程，以及资金流梳理清楚，再一一找到关键人进行沟通，期间无论是内部开会、跑流程、做模型，还是一次次去 OEM 主机厂，跟对方的财务和商务部门这边进行沟通，最终虽然还是留了不少问题（比如最终补贴如何支付等），但总算是在最终交车之前，通过一个书面文件，把整个开票和结算流程给梳理清楚了。

神州第一桩

2018 年的上半年虽然特别忙碌，但也是充满激情的，毕竟这样的事情，很多人做一辈子财务都是没有机会遇到的，而在我加入 E 公司之后几乎天天在发生。虽然心累，但觉得非常充实。上半年的最后一件事，还是想讲一件比较开心的事情。

由于前期参与了不少关于 E 公司服务体系的搭建、定价与产品成本测算的讨论，虽然不太懂车，但还是感受到产品的性价比极高，所以在上一年支付了"意向金"之后也顺理成章地交了"定金"。由于是内部员工，所以就被公司顺势安排在各种服务流程的"小白鼠"序列中。虽然是"小白鼠"，但各种服务都是按照更高的要求去设定的，比如安装家用充电桩，前前后后，里里外外来了一大帮人，颇有一种"以赛代练做标杆"的感觉，同时由于是 E 公司的第一根家用充电桩，所以连公司传播部的同事都来了现场拍照、拍视频。

第一根充电桩安装完成后，"整车交付"这个重大事件也开始被排上了议事日程，不过当时的产能不足以承受大批量交付，所以第一批车主还是聚焦在"员工车主"的范围之内，所谓的交付也就成了外界媒体所说的"内部交付"。虽然没有任何非员工车主，但整个交付仪式和流程还是按标准来做的，由于"第一批员工车主"中包含了 E 公司创始人与联合创始人，这也使得整个交付流程特别有仪式感，也就在此时，感受到使命、愿景、价值观与自己如此接近。

毕竟在外企，虽然也长期会做不少文化建设与价值观宣导，但从没有如此强烈的感觉，原因有二：

（1）作为全球性的公司，总觉得这些东西离自己非常遥远，或者说不接地气。

（2）总感觉自己非常渺小，似乎也无法去通过自己的行为来改变。

但 E 公司的经历让我觉得，其实作为一名员工，是可以通过自己的行为来影响和触达这些以前被认为是"虚无缥缈"的东西的，尤其在每天开车上班的路上，这种感觉特别的强烈。

二、下半年：多变化

对于 E 公司来说，上半年几乎所有的工作都是围绕着"交付"所展开的，而从财务视角来看，即代表所有的工作都是为了首次实现"主营业务收入"而展开的。之前讲过，E 公司模式非常创新，且后续的市场规模也得到了投资人的认可，所以一旦有了销售确认，不用等公司赚钱，便可以通过注册制的方式，启动赴美 IPO 的计划，一方面给予早期投资人一个退出的通道，另一方面也可以给到 E 公司更加开放的多元的融资渠道，同时也给到员工和团队更大的激励和信心。不过没有想到的是，一路顺风的上市进程并没有带来想象中的兴奋。

上市敲钟等于敲响了警钟

一家不赚钱的公司要到境外，特别是美国上市，不只是要有一个"好故事"，也不只是围绕这个"好故事"做一个逻辑合理的"好模型"，还需要很多其他的条件，其中最为核心的就是承销机构和公司的估值。

承销机构，就是大家经常听到的投资银行了，赴美上市的话，一般都会选择在华尔街有相关业务和经营资质的投资银行。如果承销机构的名气比较大，口碑比较好，那在招股书发行之后的路演和认购环节相对就更加顺利一些，这相当于也是增强了潜在投资者的信心。应该说，E 公司聘用的承销团队阵容还是非常豪华的，这一方面有赖于创始人和投资人的人脉与资源，另一方面也因为前期融资过程中已经有了一些规模较大的投行介入，所以在公开发行的招股书上，可以清晰地看到六家全球顶级投行的名字。

有了好故事，好模型，以及顶级的承销机构，那基本可以说是后续估值的保障了，但结果却不尽如人意。基于后续路演和认筹过程中的反馈，似乎投资人对于 E 公司整体还是保持着谨慎乐观的态度。其中最大的顾虑就是，虽然故事很棒，但在缺乏强而有力的财务数据支撑的前提下，如何通过成本昂贵的服务所构建出来的"用户体验"，在短时间内带来预期的"品牌溢价"，并驱动后面业绩的可持续增长。这样的质疑不单单来自投资者，部分财经媒体也在上市前夕放出了一些负面且片面的报道，虽然当时已经为上市前后的媒体关系与市场传播留了对应的预算，但整体感觉媒体对于 E 公司 IPO 的评价并不是非常正面。

伴随而来的敲钟当天，虽然整个公司内部一派"喜大普奔"，但上市后的价格却一直水波不兴，而且根据后续披露出来的财报信息，当时的整个融资规模也没有达到预期。也就是说，在上市之后，E 公司依然有漫漫融资路要走。如今回想起来，上市的过程和结果，也可能是一个提前的预警，而后面的一切走势，也印证了所谓轮回起伏的说法。

春江水暖鸭先知

上市的小目标完成了，但手中的股票和期权的价值却离当时所说"上海内环一套房"差距甚大，不是说公司给的股票不够多，而是市值和预期差别太大。虽然 B 哥也说了，上市只是我们实现整体战略目标过程中的一个节点，不需要过于在意目前的股价，而是要把资源和注意力集中到眼下需要做的事情上来。但不管怎么说，和大家的心里预期还是有较大差距的。随后而来的几件事也加速了我的想法。

首先是财务部内部组织架构的调整，由于 E 公司在交付开始之后，需要配套给到车主相应的汽车金融服务，而 K 领导作为某大车企汽车金融板块的前 CFO，自然也就早早地被确定为这块业务的负责人，而她原来岗位自然要找对应的人来接手，由于当时我负责的业务范围和团队的数量都是她原来职责范围内最大的，而领导之前也曾经数次明示和暗示过希望我来接这项工作。

说实在的，我对这一块还是比较在意的，毕竟从 D 公司到 E 公司，职位上是往下走的，这件事对我来说既是一个心结，也是一个预期。但真实的剧本并没有跟着我预想的节奏走，最终的决定是让另一块业务的财务负责人过来接我领导这一部分事情，虽然已经在职场浸泡了很多年，但这个决定还是让我一时间很难接受的。

对于信仰的怀疑

虽然内心已萌生了一些不满，但对于一个入行十多年的"老员工"来说，工作还是要持续做下去。除了正在如火如荼地整车交付工作外，下半年最重要的事情就是年底的发布会了，这也是 E 公司第二款产品的发布会，既然是第二年，自然不能像第一年一样"包机酒"和全程买单了，那通过什么方式来进一步提升"用户体验"呢？

B 哥给出的答案是请来全球最顶级的歌手，随后我便拿到了一张没有任何公章，甲方赫然签了创始人的大名，全是英文的"合同"，简单总结一下就是"300 万美元，来上海唱 4 首歌，必须全额预付，如果因为你们单方面取消，恕不退款"。面对这个有点突破认知的数字，以及让人浮想联翩的条款，我尽可能地保持着镇静的同时，通过个人关系咨询了一些"业内人士"，发现这个价格居然比行业标准的一倍还高，难道这就是所谓的用户体验吗？难道用户需要这样的体验吗？难道投资人和股东会认可这样的花钱方式吗？我开始对于未来产生怀疑。

其实这样的怀疑不单单来自我，周围的人多多少少也出现了"信仰危机"。由于财务和投资人对接相对比较紧密，投资人的一些反馈也经常第一时间拿到，其中有一条基本上无法反驳，就是投资人去到 E 公司建在很多城市中心地段的"用户中心"，发现被 E 公司描绘得极富向往感、投入巨额资金建造的"高端车主私人会所"居然在黄金时段人迹罕至，并以此正式向公司提出了质疑。

IPO 虽然成功了，但公司在接下来 12 个月依然面临资金缺口，股价也没有达到预期，而成为公众公司之后，相关财务数据也需要对外透明，在此融资也不能光靠讲故事了。对我个人而言，面对升职无望，且未来堪忧的发展前景，在短短几个月时间里，我的信仰开始出现了变化，信心也产生了动摇，从第四季度，开始思考下一步该怎么走。

三、又是一道选择题

对于一个已经在职场打拼超过 10 年，且做到了职能和部门高管的人来说，对于下一步的思考和选择还是比较谨慎，当然人生中处处都在面对着选择，这里其实有一个挺不错的问题拆解思路方法，下面分享给大家。

三个核心问题与答案

这个问题拆解思路其实有点像很多管理课程里说得 Why—Why 方法论，终极要解答的问题，即"是否还要继续留在现在的公司？"，然后基于这个问题展开，并在最后回归到问题本身。下面我就结合自身的情况，把这个问题扩展成以下三个问题：

（1）未来公司与个人是否具有可持续且符合预期的发展？

（2）E 公司的股票未来是否有大幅的升值空间？

（3）目前是否存在岗位安全性的问题？

针对第一个问题，我的答案是：

◆ 短期内（6 个月）不太可能有个人职位上的提升（提升概率小于 50%）。

◆ 公司在未来 12 个月内存在可见的资金缺口，整体进行人员优化的可能性较大（概率大于 50%）。

结论：个人发展机会不大，公司发展将面临非常大挑战。

针对第二个问题，我的答案是：

◆ 鉴于 E 公司已经 IPO，相关数据都要对外披露，同时由于销售毛利所代表的供应链管理能力，销量和订单所代表的公司运营能力，以及大幅亏损所代表的整体盈利能力在未来一年内都会有"非常大的挑战"。

◆ 结合资金上的缺口，很有可能被资本市场定性为存在较高的"战略风险"，股价大幅波动的可能性是存在的，但整体向上的可能性极低（概率小于 10%）。

结论：短期内股票增值可能性极小。

针对第三个问题，我的答案是：

◆ 由于我是第一批提车的车主，在员工群体中具有一定的知名度，对于提倡价值观驱动的 E 公司来说，原则上即使裁员，我也肯定不是第一批。

◆ 同时由于这次调整，大领导也内心存在一定歉意，所以主观上也在帮找一些可以有更好发展的机会。当然如果没有这样的机会，肯定也会在裁员时优先考虑我的岗位安全性。

结论：只要公司不倒，在不降薪的前提下持续"混"下去应该问题不大。

三个结论出来后，关于"是否要继续留下？"这个问题，转变成了是否愿意"混"在一个短期内可能存在重大风险的公司里？这样一个二选一的问题上，我的回答就简单了很多，毕竟当时只有 38 岁，个人职业发展并没有达到瓶颈，所以无论在哪里，混吃等死肯定不是一个恰当的选项，所以就必须要走了。

解决了是否要走的问题，那下面自然就是去哪里的问题。当时的情况来看，下家的机会是不缺的，无论是回外企，还是去一些其他行业的民企，其实都有 CFO 或财务总监的机会，工资也不会比 E 公司低，所以我当时的决定就是用 3 个月的时间来规划下一步到底去哪里。而这次换工作给我最大的感触和不同在于，当你的职位到了一定的级别，可能之前的招聘资源开始变得不那么有效了，因为在这次找工作的过程中，明显感觉到当我向周围表露出希望换工作的意愿时，得到的职位推荐更多来自过往的老板（包括 D 公司时期的 J 总和 G 总），同事和朋友的推荐，而非来自猎头，这似乎也印证了传说中所说的到了一定阶段需要开始混"圈层"的概念吧。

换赛道，第二家创业

兜兜转转中，终于在 12 月底锁定了新的下家，并确认在 1 月中下旬去那边上班，和 E 公司相同的是，这家公司也是一家互联网企业，后续就称之为F 公司吧，与 E 公司的不同点在于，这家公司在性质上是一家外企。

此外，行业也完全不同，是一个披着经济型酒店连锁外衣的互联网公司，2017 年年底才进入中国。通过一年的野蛮生长，瞬间成为国内客房数排名前3 的连锁酒店，同时融资之路非常顺畅，人员迅速扩张到了 5 位数。

上述信息都来自网络、猎头以及朋友的分享，所以当 F 公司的人事通过各种方式联系到我的时候，自然就产生了一种强烈想要"一探虚实"的冲动。

F 公司的面试流程应该说还是很"高效"的，对方人事先电话聊一下，说目前有一个财务 BP 高级总监的职位开放，感觉你挺合适的，不知道有没有兴趣，随后简单聊了下目前的薪资情况，感觉初步可以匹配，随后便约到办公室和直接主管、财务部副总裁进行面聊。

约面聊的时间是晚上 9 点，这应该也是我去过最晚的面试了。到了办公室（一个市中心的共享办公场地），发现居然还灯火通明，人头攒动，财务部副总裁跟我年龄差不多（为了方便，后面简称 H 哥），聊起来还算比较投机，谈了不少关于我为什么要离开 E 公司的原因，也分享了他之前在创业公司几经沉浮的经历。随后说到今天不巧，我们的 CFO 不在，不过我们会尽快帮你约见。

约见 CFO 的时间也比较有意思，是 2019 年的 1 月 1 日，不过更让我觉得不可思议的是，F 公司居然在年底前就给了我录用通知，这着实有点让人摸不到头脑，也更让我进一步好奇这到底是一家怎样的公司？反正还不到 40 岁，不如趁着年轻，再尝试一下新的业务模式，换一个全新的赛道，再疯狂一把。

四、复盘与总结

2018 年的故事基本到这里告一段落了，在这一章的最后，我想简单总结下职业生涯中第一份民营企业工作的感受。

1. 放下执念，才能更稳健地往前走

很多外企人在加入民企时往往有一种"自负光环"的优越感，这种感觉会让你执念于过去的一些工作方式和方法，也会让你陷入"为什么这家公司如此不正规"的思维泥潭中。其实这是民企的一种常态，毕竟在相对资源比较稀缺的环境中，她们需要想尽一切办法，与各种力量进行博弈，所以建议大家可以少去想"为什么跟以前不一样"的问题，而多想想"我可以变得有什么不一样"。

2. 但做好事，莫问前程

这句话来自 E 公司从外企跳槽过来的副总裁，他曾经说过这样一段话来

诠释上面这八个字："我们这个事情是否最终能成，我也不知道，但这件事不管最终结果如何，我们能亲身经历，这本身就是幸运的。"这的确是属于民营企业和创业公司才有的惊心动魄，尤其是创业公司，对于年轻人来说，与其去追求结果倒不如去享受过程。

3. 使命、愿景、价值观不再遥不可及

这个问题我在之前曾经讨论过，作为一名员工，通过自己的行为来影响和触达这些以前被认为是"虚无缥缈"的东西，不得不说，这也是一种财富和收获。

4. 选择，可能真的比努力更重要

由于民企和创业公司的节奏要比外企快出许多，所以需要每一个人，尤其是管理者做选择的机会远高于外企，而每一步如何做出正确或者不是错误的选择，就显得尤为重要了，如果努力的方向不正确，付出越多，失望越大。

从提出离职到最终离开 E 公司还算非常顺畅，而加入 F 公司也是在 2019 年年初了。回顾这章的标题，学习、成长与反思，虽然符合整年经历的一个脉络，但也在部分时段内反复循环与出现，的确也只有创业公司，才会有这样的体验与经历。

2018 年底，38 岁，月薪 71 600 元，年薪 105 万元，E 公司财务 BP 副总监

第十四章
（2019）点燃激情——一起热爱，一起疯狂

人物关系：

- W 总——F 公司 CFO 兼中国区合伙人。
- H 哥——F 公司财务副总裁。
- L 哥——F 公司首席收益官（CRO）。
- P 哥——F 公司首席业务发展官（CBDO）。

2019 年的元旦非常特殊，因为这一天我和 F 公司的 CFO——W 总，在一个咖啡厅进行了一场特殊的面试。之前面试我的财务副总裁以及人事都反复跟我讲了一些关于 CFO 的"传奇"经历，W 总在年龄上只比我大两岁，早年进入一个非常有名的 500 强外企，用了 7 年时间就成为一个事业部的 CFO，随后加入了两家民营企业担任 CFO，甚至还有一段时间作为 CFO 兼任了首席运营官（COO），2018 年 8 月，被 F 公司看重，最终以中国地区合伙人兼 CFO 的身份加入了 F 公司。

虽然在见 W 总之前内心已经有了一些期待，不过当见到本人后还是进一步被折服了。这么说吧，W 总是财务领域中非常有人格魅力的一类人，给人的感觉精力充沛且言谈举止间不经意外溢出的个人魅力也不断地感染着周围的人。

说实话，当时我真的是被点燃了！心想着在 39 岁时还可以有机会大干一场，的确是一件让人很兴奋激动的事情！所以，当我们讨论到对于下一份工作的期待时，我脱口而出："跟一群优秀的人一起干一件卓越的事儿。"而此时，我连在 F 公司的具体工作职责也没有确定。

一、再次"创业"的开始

虽然之前加入 E 公司的时候也没有具体的岗位职责描述（JD），但大致干

什么还是清楚的。F公司在发出录用通知之前基本没有涉及这一方面的沟通与讨论，仅仅确认职务是业务伙伴，级别是高级财务总监，工资比以前有所下降，月薪调整到了68 000元，不过股票对应地多给了一些。其实人生到了这个阶段，工资少几千元已经不是那么重要了，更为在意的是这份工作和经历可以为自己带来多少长期价值。

激情重燃

说回工作职责，尽管之前已经有了心理准备，但对于F公司的"任性"多少也比较诡异。然而更为诡异的是，在正式入职前的某个周六，居然被W总召集到公司开了一个"财务领导层共识会"，内容上好像一个入职引导，但感受最深还是整个组织呈现的生机勃勃的狼性。

为了节约时间和减少不必要的投入，F公司的办公室坐落在上海市杨浦区五角场的一个共享办公空间内。实话实说，整体的工作氛围和节奏，让我这样一个年近不惑的"职场老人"也颇感"不适"，但一则因为接受了E公司的一轮洗礼，二则入职前已经经历过了"先导流程"，所以等到入职的第一天，进入状态的速度还是比较快的。之前面试过我的财务副总裁H哥也在第一天给了我第一个任务，就是在3个月内快速建立起能够支持各个业务区域的BP团队，同时鉴于之前的工作经验，希望我能支持用户增长和品牌运营两个职能部门。

由于当时整个区域运营团队已经突破了5 000人，在线的活跃用户数量也早已破了千万级，且每个月都在以环比10%以上的速度增长着，同时考虑到业务模式随时可能发生变化，所以在短时间内梳理清楚这些职能部门的业务逻辑和提供有效的支持，其实并不容易。不过，好在上一份工作给了一些参照和基础，所以上手其实并不是特别累，而且在招聘风格上也与E公司十分类似，只要能力水平到位，在薪资水平上会尽一切可能去满足。

而F公司的增长速度以及融资新闻也的确在行业内声名鹊起，所有短时间内收到符合要求且有意愿的简历并不少，但由于时值农历春节，所以短期除了几个兼职的BP小伙伴们"友情赞助"外，主要还是要靠我自己单打独斗。而第一个任务，就是完成一版极其疯狂的年度运营计划（Annual Operation

Plan，简称 AOP）。

酒店经营管理看什么

为什么一定要分享这个话题，因为这是我一生中迄今为止遇到过最不合理的预算。由于 F 公司本质上还是一个连锁酒店管理企业，所以核心运营指标为：可售间夜数，简称为 SRN（Sellable Room Nights），也可以理解为库存的概念，SRN 的增长意味着规模扩大和市场占有率的增加，同时也是收入核算的一个基础。

除此之外还有两个核心指标：

- 入住率，简称 OCC（Occupancy）。
- 平均单间房价，简称 ARR（Average Room Rate）。

这三个数字相乘的结果等于一个酒店收入的重要指标：酒店客房运营的收入，简称叫 NRV（Net Realizable Value）。

此外，为了体现酒店销售的能力与运营的效率，还会兼带着关注一个经营效率指标：每间可供租出客房产生的平均实际营业收入，简称 RevPar（Revenue Per Available Room）。所有这些都汇聚到一个公式：

$$NRV = RevPar \times OCC = ARR \times SRN \times OCC$$

通过上述公式找到对应的经营管理抓手，而这些就是酒店运营最基本的 KPI。

天下武功，唯快不破

讲完了这些基本的常识，我们再来简单说一下 F 公司的商业模式吧，酒店行业是一个非常古老的服务性行业，连锁酒店的出现则是把业主方和品牌方做了一个区分。简单来说，就是品牌方负责输出标准化的管理与服务流程，业主方提供资金和物业，赚了钱按照说好的比例来分的商业模式。

F 公司来自印度，创始人创立这家公司的时候据说才 16 岁，在短短几年时间里，通过对当地一些老破小酒店进行轻改造和轻加盟的方式，结合互联网运营，快速成长为印度当地最大的酒店连锁企业，并在资本的支持下，开始在全球快速拓展，并在 2018 年正式进入了中国内地市场。

截至 2019 年，中国的连锁酒店行业发展也就 20 来年的时间。基于已知的市场调研数据，中国有 90% 以上的酒店属于单体酒店，即那种通过租赁和自有的物业，经营酒店的业主。这类酒店有几个特点：

（1）酒店软硬件标准较低。

（2）线上和渠道获客能力较差（特指线上商旅预订平台 OTA 和当地旅行社这种渠道）。

（3）客房数量较少（50 以下）且单房价较低（100 元左右）。

（4）大量存在于二线及以下城市。

（5）业主年龄偏大、文化程度不高，且资金能力一般。

就是这些大型酒店连锁集团看不上的物业资产，成了 F 公司认为可以点石成金的宝贵资源。2018 年，F 公司通过免加盟费、送改造、送招牌、送流量、拿佣金提成的方式，几乎从零开始拓展到了将近数十万的 SRN，总量达到了国内前三的水平，同时神州大地上几乎一夜之间立起了一万多个招牌。

基于这样的一个成绩单，2018 年下半年成功获得了一笔将近 10 亿美元的融资，随后便是一路高举高打，并陆续通过各种方式招募到了一批在各行业拥有极高声望和口碑的管理层，W 总就是其中的一员。并且他毫不谦虚地在 2019 年的年会上喊出了 "200% 增长，成为中国最大的酒店管理企业以及最大的线上酒店预订平台" 的口号。管理层自然都是信心满满，且豪情满怀。然而如此一派欣欣向荣之下，依然存在各种如同病毒一般慢慢滋生的风险，下面我就从天时、地利与人和三个方面来分析一下。

1. 天时

来自 OTA 巨头的打压，既然 F 公司有大量的客房，同时又结合了自营的互联网平台提供订房服务，自然就会招来 OTA 行业巨头在各种层面的打压。打压大致分为两种：

第一种就是比如现在看来涉嫌触犯反垄断法的二选一条款，你有权利选择 F 公司。

第二种就是既然你们能做，为什么我们不能做，我就挖你的人，大家一起 "烧钱" 一起卷，所谓强龙不压地头蛇，看你一个外国公司能坚持到什么时候。

2. 地利

应该说，2018 年期间，F 公司关注的指标只有一个，就是 SRN。对于初创公司，这其实不能说不对，毕竟所有的资源汇聚在一个事情上发力，才能取得预期中的结果，而最终的成功融资也证明了这个选择的正确。

虽然在 2018 年末，F 公司的管理层已经意识到，只看重 SRN 是不行的，忽视了酒店的质量，以及业主对于合作方式的认可。直接通过补贴的方式来"购买" SRN 的话，会直接导致收益泄露的风险，即客人的确入住了酒店，但可以不通过你的平台和酒店联网的 POS 系统去入单，这个 F 公司即确认不了收入，也收不到佣金。此外，由于 F 公司与酒店业主的合作大多是先入住、后结算的方式，所以收佣就成了一个额外的工作。

虽然，后续管理层已经对现金流和收入等财务指标的重要性有了共识，但组织的惯性之强大依然超越了大部分人的预期。

3. 人和

F 公司虽然花了大价钱找来了一帮履历光鲜的管理层，但一直没有 CEO。常驻中国的联合创始人一直挂着全球首席业务发展官的职位，名义上与其他管理层平级，但掌控着大部分核心决策，并且在通过一个"CXO 办公室"的组织向各个 CXO 派驻印度籍的项目管理官（PMO），一起提升协同与沟通的效率，这样的管理方式的确可以在很大程度上达到一种微妙的平衡，但对于构建持续性的信任却没有任何的帮助，甚至会伤害到未来的发展。

虽然问题不少，不过所有见证了 2018 年奇迹般崛起的同事们，即使对过分加班的企业氛围颇有微词，但基本上还是认可了"天下武功，唯快不破"的商业逻辑。整个公司就是在"一起热爱，一起疯狂"的口号中提出了"2019年实现 SRN 实现 200% 增长，并在年内实现息税前利润单月回正"的目标。至于财务模型，当然包含了大量基于假设的假设，由于在 E 公司已经有过类似的经历，所以倒也没有觉得有什么不妥和异样。

干了这杯有着资本味道的咖啡

时间快速到了 3、4 月间，春暖花开，但 F 公司的节奏却如同烈火烹油一般，每个月都有人离职，而每个月也陆续有更多的人入职。每天都要应对各种新的想法，面对不同的人，同时还要处理日常的工作，短短两个多月，感觉比之前工作的 1 年多还漫长。对于自认为时间管理能力非常不错的我来说依然有些手忙脚乱，以至于回家的时间也基本上没有早于过 10 点。不过到了 3 月底的时候，整体的工作梳理和团队招募基本完成了，还是有钱好办事啊。而与此同时，E 公司的股票也终于到了可以行权的时候了。

之前我提到过，由于上市后价格和预期差得很远，而且也没有达到最长的工作年限，所以行权的价格和股票的数量都比预期要少。虽然当时还有 3 个月的窗口期，但 E 公司的形势却非常不容乐观，包括产品质量、资金链的各种负面新闻一时间层出不穷，从之前的同事处得到的消息是公司已经开始安排对应的优化方案。在这样的背景下，资本市场的消息面也一直在吹风说某些做空机构已经锁定了 E 公司的股票。面对如此的残酷现实，让我多拿一天的勇气都没有，在售卖窗口开放后的 1 小时内，选择了一个当时还算不错的价格，完成了我这家服务了两年企业的最后"切割"。

毕竟还是拿到了一些钱，所以第二天一早，我便请同一个办公室内的同事喝咖啡，并说希望哪天 F 公司上市后喝到大家的咖啡，H 哥还特别在群里提醒了大家，说："大家快来，感谢文总有着资本味道的咖啡！我们一起努力成为下一个。"

的确，按照当时的发展势头，F 公司虽然有着诸多问题和隐患，但在两年内 IPO 的可能性还是非常大的。SRN 的增速依然很快，而之前的收佣和收益泄露问题在强化了一线的运营与服务标准后也有了一定程度的改善。与此同时，F 公司在并购这一块也有斩获，收购了一家规模不小的竞争对手，让本就很强的体量优势变得更强。而我的区域财务 BP 团队也逐渐承担起了区域业务支持的职能，也在区域总经理和运营团队这边树立起了不错的影响力。但也是在这时候，我自己的职能却再一次以意想不到的方式发生了变化。

一次不能拒绝的邀请

F 公司一直在招兵买马，也包括一个二级财务部门的负责人，财务运营部，专门负责与酒店业主出账单以及收款确认的团队。其实在 2019 年初的时候，这个部门负责人的候选人就已经确定了要加入，但这位候选人反复拖延，各种拉锯，数次反馈"最后考虑一下"，但最后还是因为"个人原因"拒绝了W总的邀请。

五一劳动节前的某一天上午，W总把我叫去他的办公室，跟我前后说了一通对我之前工作相当满意，而且现在有一个非常不错的机会。虽然这个岗位一直没招到人的事情我是知道的，但我从未想过没有任何相关经验的我会被W总选中来担任这个职位。应该说，这是一个非常不错的机会，毕竟从汇报给副总裁直接到汇报给CFO，也是一个跃迁，在F公司未来可以预见应该会有更好的发展。

但在这一刻，我开始有些犹豫了，因为我发现自己对职业发展的心态上开始产生了变化。应该说，在加入F公司之前，我一直秉承着"积极主动"高于一切的理念，对于新的岗位和工作内容，也是秉承着"有机会就上，没有机会创造机会也要上"的认知，包括在决定加入F公司的时候，我依然是这样的想法，但在加入了一段时间后，我发现自己改变了，而且改变我的最主要原因就是所处的这个高度不确定的外部环境。毕竟在这样一个环境中，真正可以由自己来掌控的"确定性"实在太少了，如果倒退10年，可能还可以从中收获学习与成长，但此一时彼一时，如今的我已经没有太多的时间去"打怪升级"。我的观念渐渐转变为：假设有100分的能力，那我可以选择一份要求在80分的工作，然后交付90分的结果，永远给自己留下10分的安全垫，可能是一个更加"可持续的"选择。

虽然内心依然犹豫，但W总话已出口，H哥又在旁边加油打气，在这种情况下，拒绝也是很艰难的，唯有"愉快"地接受。不过既然决定了要做，那就必须要做好，当内部完成了任命的宣布之后，我就马上开始与新团队进行对接与融入的工作。虽然这个岗位和工作对我来说是新的，却不需要我重新招人，当下的团队在专业性和业务熟悉度上都完全没有问题，而我要做的更多是自己先尽快熟悉起这一摊业务，同时快速找到几个能够给予团队支持并同时能够创造价值的点。

怎么说呢，面对这样一次不能拒绝的邀请，最终我的岗位从区域财务BP负责人转为了财务运营部门的负责人，汇报线从原来的财务副总裁H哥变成了 CFO 的 W 总，工作重心开始渐渐转为出账单、结算、清分等工作中来，更加细碎，且更偏重于对系统能力的依赖，所以职能上除了财务运营的结算团队外，还加一个财务技术团队。

其实也就是在我转职去新部门的前后，F 公司在 5 月也迎来了一次转型，我把这次转型定义为"在高速公路边跑边换轮胎"，这段紧张且刺激的故事，我们就留到下一节来说吧。

二、烈火烹油般的 2.0

进入 2019 年之后，F 公司的 SRN 增速依然很快，之前的收佣和收益泄露问题在强化了一线的运营与服务标准后也有了一定程度的改善，但改善的速度与管理层的预期依然存在一定的差距，其实这个世界上最难的工作就是在没有标杆的时候给自己树立一个标杆，F 公司当时就是遇到了这样一个问题。之前要强调运营和管理，所以花了大价钱挖了一个首席运营官过来，之后发现收益非常重要，所以又花了很大代价挖了一个首席收益官 L 哥过来，L 哥入职后不到 3 个月，就持续对之前运营管理上的一些积弊进行无差别不间断地改革，并不断鼓动着印度高管和其他高管们加速转型，终于在某一天，这个"高速公路上换轮胎"的计划就应运而生了。

高速公路上如何换轮胎

具体计划如下：

（1）希望业务规模的增速能进一步匹配年初的计划。

（2）能通过更有效率的运营方式证明新的模式可以更快速地实现盈利。

简而言之一句话，就是如何结合手上现有资源，设计出一个能实现上述目标的新模式。

为了保证新模式的推出，F 公司专门成立了一个"战情室"，重点研究新模式的设计、收益的实现，以及协调各种资源的匹配。战情室在经过数个昼夜的通宵达旦后，终于给出了一版新的方案，由于与之前的模式有所差异，所以新模式就被称为 2.0 模式，而之前的就被称为 1.0 模式。

2.0 与 1.0 的核心差异在于：

（1）F 公司通过"买断"的方式确保业主一年的酒店房费收入，超过保底部分的收益大部分将归属 F 公司。

（2）一旦签约成功，业主会收到一笔大约占其一年收益 20% 左右的"预付款"，其中部分可以用于装修改造，而业主所需要付出对应的代价就是必须确保所有的在线订单款一律由 F 公司代收，并接受 F 公司对其房间无条件地进行控价，此外如果存在前文所说的收益泄露问题，F 公司可以通过审计的方式对其进行罚款。

（3）在上述条件满足的前提下，每个月会通过多退少补的方式给业主出具账单，作为结算的依据。

下面两个图简单梳理了一下两种模式之间的差异，如下图所示。

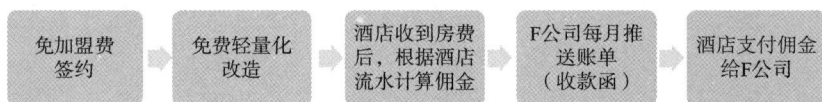

| 免加盟费签约 | → | 免费轻量化改造 | → | 酒店收到房费后，根据酒店流水计算佣金 | → | F公司每月推送账单（收款函） | → | 酒店支付佣金给F公司 |

1.0 轻加盟模式

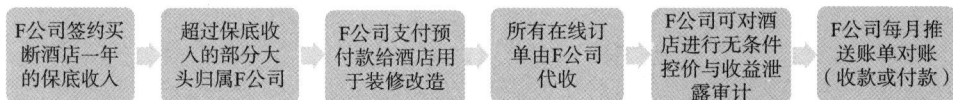

| F公司签约买断酒店一年的保底收入 | → | 超过保底收入的部分大头归属F公司 | → | F公司支付预付款给酒店用于装修改造 | → | 所有在线订单由F公司代收 | → | F公司可对酒店进行无条件控价与收益泄露审计 | → | F公司每月推送账单对账（收款或付款） |

2.0 模式

模式创新需谨慎

应该说，这个 2.0 模式对业主来说是有一定吸引力的，毕竟能提前拿到钱，而且原则上不需要对一年的收益担心了，这已经从一个单纯的酒店代运营转变成了一种类金融的资产管理信托协议；而基于有效的精算，也能在最大程度上确保 F 公司的收益和利润，而前期大量资金的投入也有了比较合理的逻辑。基本上完全满足上述两个需求的实现，但不知道大家发现没有，这个非常完美的模式，依然存在着以下问题：

（1）一年的保底额到底怎么算才是合理的？

（2）钱出去了，万一业主毁约，怎么办？

（3）结算逻辑变得越来越复杂，业主真的明白吗？

（4）虽然合同白纸黑字签了，审计出来的收益泄露，业主会认吗？

（5）之前 1.0 模式签的那么多酒店，还要继续做下去吗？原来的运营团队怎么办？

关于（1）和（2），公司的高管们坚信精算和大数据的力量，并且为了能进一步为这件事的合理性与合法性进行背书，做了以下三件事：

（1）成立了负责精算的商务部门，专门负责对上述的保底额进行建模和精算。

（2）从我之前服务过的 B 公司挖来了他们的首席法务官（CLO），专门负责各种合同条款的审核与研究。

（3）与国内两大 OTA 平台签订"保护费"条约，通过巨额"平台佣金预付"的方式，确保这两大平台不再对 F 公司进行打压。

关于结算逻辑，自然就是我的工作了，一段时间，财务运营部门被 CXO 高度关注，我也终于开始理解为何 W 总和 H 哥当初对于我是否愿意接手这一摊业务如此上心了。财务运营部的任务就是，无论逻辑有多复杂，一定要做出一个能让业主看得懂、销售讲得明白的账单出来。

至于收益泄露，则是首席收益官 L 哥和内审部门的工作，找第三方审计，电子大数据审计，这种我做了很多年审计的人听都没有听过的匪夷所思的审计方式层出不穷。至于业主是否最终确认，L 哥直接提出"财务负责在账单里加进去"和"运营 KPI 指标里加入收钱和沟通"两大处理方案。

那么多酒店，是否要继续？这个其实挺简单的，原则上 1.0 酒店全部转 2.0，不愿意转就采取"休克疗法"，即放任不管的方式，对于一些之前已经开发，且非常下沉的地区，则统一归入到另外一个部门管理。至于人员，原则上只要签约 2.0 酒店，以及对于控价工作没有帮助的人员，全部就地裁撤，同时快速招募大量负责 2.0 酒店签约的 BD，争取在 1 个月完成，所以就是在宣布要做 2.0 之后的 1 个月内，F 公司发生了 2 000 多人走和 3 000 多人进的"神奇"场面。记得有一次跟 H 哥说起此事时，他还特别感叹："2019 年初的 F 公司和 2018 年的已经不是一个公司了，而 2019 年 5 月的 F 公司又变成另一个公司了。"

在紧锣密鼓的节奏中，F 公司终于在 5 月完成了从 1.0 到 2.0 的转型，并于 6 月初在成都召开了盛大的发布会，宣布"转型成功"，并在现场邀约了 100 多位业主"摆拍"，而主导新模式打造的 L 哥也如同当红炸子鸡一般，隐隐成了 CXO 中的一哥。而我们也一起经历这场"高速公路换轮胎"的情景剧。没过几天，随着一位新的首席业务发展官（CBDO）P 哥的入职，F 公司的 2.0 大幕被正式揭开了。

百团大战来了

新来的 P 哥，作为对总部的承诺，在入职后便开启了 7 天 ×24 小时的"年中无休"模式，试图在最短的时间内，完成全新的绩效考核体系、团队培训体系以及新的团队架构的搭建。可能是金钱的刺激，不过在这一点上，我也是不得不佩服他对工作的投入度。据一位同样跟我从 E 公司跳槽过来，到了他团队的朋友说，入职第一天就被通知去出差，到入住酒店是晚上 11 点，然后就跟 P 哥在酒店大堂开会到 3 点，第二天上午 9 点继续。

当时 2.0 模式已经在全国跑测试了，虽然量不大，但前期签约还算比较顺利，整个 6 月过渡也是比较平稳的。但目标显然被定得更高，所以就是在这样的节奏下，一个疯狂的计划"百团大战"出炉了。

这名字听起来也的确非常彪悍，实际上呢，就是总部拿出一大笔签约奖金，然后由全国 100 多个 BD 团队进行比拼，总部"战情室"实时公布战况，目标也很直接，就看谁签的 2.0 SRN 多，谁拿的钱就多。应该说，这样的动员效果还是很明显的，团队的士气瞬间就被调动起来了，当然副作用也是非常明显的，就是在签约审批过程中出现的各种"妥协"与"放水"，理由也很充分。比如这是新模式，数据也要不断更新啊，有些客观情况在一开始没有考虑到，把一开始财务部参与设计方案时留下的风控点一个个冲破。而此时，财务部也没有更多精力去关注这些"细节"，因为有着一个更大的、关于收入确认的问题需要去解决。

按照 1.0 时代的逻辑，酒店业主以轻加盟模式使用 F 公司的平台资源，F 公司能够确认收入的金额原则上只有协议规定的那部分佣金，如果佣金长期收不回来就会形成坏账。但在 2.0 模式下，F 公司原则上是支付了一笔费用买断了酒店的运营权，拥有运营权的期间内，所有酒店的收益都归属 F 公司。根据这个逻辑，管理层自然希望能将酒店的收益全额确认为收入，如果能再进一步，把所有通过收益泄露审计查出来的"收入"也能确认就更好了，前者所有的管理层和 CXO 都非常关心，而后者显然是"收益泄露审计"的主导者 L 哥更为上心，而解决这两个问题的责任就被压到了财务部的头上。

关于前者，由于所有合同都是重签的，基于会计准则中的收入确认标准，是没有问题的，核心一点是要证明最终经济利益的归属是否到了 F 公司，这一点在于外部审计师（某"四大"会计师事务所）沟通的过程中也是明确了的。毕竟新模式存在很大的不确定，在没有足够的数据和类似的模式跑通之前，财务依然还是要保持谨慎的，尤其对于收入这种被高度关注的项目。

至于后者，那基本就是 L 哥的独角戏了，一方面他希望通过各种方式算出来的"漏单"能计入他们的 KPI，然后以此作为真正的产出而争取更大的资源投入，所以用尽各种方式逼着我把数字放进"账单"。这种行为在大家看起来，基本上与"逼财务做假账"的行为无异了。但为了不让 W 总难做，我也只能采取"牛皮糖"战术进行拖延，具体说来也是如人饮水，冷暖自知了。

如果说收入确认属于财务部整体的压力，那承担超过 10 000 家酒店的账单的工作量则更大了，当时我的团队不到 30 人。所以，唯一的选择就是依靠系统，现在回想起来这段经历应该是我在 F 公司最有价值的，同时也作为百团大战成功的一个关键的保障性工作，如何在收入确认和系统需求之间找到一个平衡点，并在最短的时间内实现一个满足大家需求的结果。

"防撞击"疯狂的代价

"防撞击"一词，一般都是出现在车辆和大型设备的安全防护系统上，表示对于强大外力冲击的抵抗力。从 F 公司的 CXO 选择用这个词作为 10 月账单出局后的应对计划代名词，也不难感受到广大业主的"怒火"以及当下形势的严峻了。

账单发出是在周五，发出后不到 5 分钟，客服电话就被完全打爆了。随后的那个周末，基本上从上午 9 点到晚上 10 点将近 30 席客服的电话没有停过。

业务部门和财务 BP 在一旁拿着计算器和电脑，快速测算这基于每一个客诉可能发生的费用和成本。

不得不说，有了上个月的经验，这个月从应对的成熟度上来看，有了很大程度的提升，但这个提升的速度却远低于业主怒火的上升速度，账单发出不到 5 天，就有外地的业主开始"登门造访"上海总部，虽然预案中可能发生的暴力事件没有发生，但随着人来得越来越多，情况在持续恶化。

最终，在付出了一定的赔偿和代价后，11 月的"防撞击"就这样过去了。至于结果呢，可以用"惨胜"来形容，一线运营团队基本上各个心力交瘁，那些基于收入准则永远无法保障未来经济利益（现金流入）归属的"罚款"和"其他收入"超过一半以上返还给了业主，同时也有将近 10% 的业主决定进行节约，而在此过程中之前签约的各种"不诚信"与"过度承诺"的现象开始逐一暴露出来。

无论是否在裸泳，都该退潮了

"也许过了这个坎，就真的能走出来了！"

"任何一个伟大的公司应该都要经历这个过程吧！"

面对此情此景，我问了自己上述两个问题，也许吧，可能吧，F 公司未来能走出来，可是，对我来说，是不是已经看够了自己应该看的风景了呢？从 2019 年 1 月加入到 11 月，10 个多月的时间，看够了过去五年都没看到的风景，不谈钱和股票，我觉得个人的收获还是很大的，而这段经历，虽然没有达到最初我和 W 总说的"能在未来吹嘘 10 年"的标准，但的确已经很"奇幻"了。

F 公司在中国互联网公司的历史上堪称"前无古人"，在平台型的互联网创业大潮逐渐退下后，应该也属于"后无来者"的存在，她的起起伏伏的确也对得起"一起热爱，一起疯狂"的标语口号，能够亲眼见证，并与包括 W 总在内的一众精英一起参与也是颇感"与有荣焉"，这也许就是互联网的魅力所在吧。

随着国家产业政策方向的调整，平台类的互联网公司是否在未来还有更多的政策红利与发展空间？我开始产生疑问，这倒不是事后诸葛，因为当时政策层面已经释放出了明确的信号。2019 年 8 月 1 日,《中华人民共和国反垄断法》(以下简称《反垄断法》) 生效 11 周年纪念日当天, 国务院办公厅印发《关于促进平台经济规范健康发展的指导意见》。全文没有提 "反垄断" 三个字,也没有提《反垄断法》, 但提到了以下两点:

（1）制定出台网络交易监督管理有关规定, 依法查处互联网领域滥用市场支配地位限制交易、不正当竞争等违法行为, 严禁平台单边签订排他性服务提供合同, 保障平台经济相关市场主体公平参与市场竞争。

（2）维护市场价格秩序, 针对互联网领域价格违法行为特点制定监管措施, 规范平台和平台内经营者价格标示、价格促销等行为, 引导企业合法合规经营。

这其实已经释放出了非常明确的信号, 赶上中国互联网产业最后的疯狂,2019 年我过得很精彩, 也很疲惫, 而在此时, 无论退潮后发现是否在裸泳,我觉得都应该退潮了。

三、复盘与总结

跨出那一步，斜杠成为主业

我向 W 总提出辞职的时间大概是 11 月初, 即 "防撞击" 计划开始的前后,而我提出的离职时间是 12 月底, 目的也是给岗位工作交接更多的时间。

面对我提出的辞呈, W 总的反馈还是一如既往的积极, 提出了挽留, 但最终还是尊重我的选择, 甚至还为我争取了年终奖金, 做到这一步的确也还是真的很让人感动的。

而和我交接的任务也不出意外地落到了 H 哥头上, 这时已经快 12 月底了,而中国整个酒店行业也即将迎来一次无差别攻击, 当然 F 公司也难逃其中,但这些都已经是后话了。

对我来说, 更重要的还是下一步如何走。这虽然是每次离开一家公司都要思考的问题, 这一次的选择跟之前都很不一样。虽然也有不少互联网公司,创业企业, 甚至于外企的机会, 但这些选择对我而言应该更多是一份对于 "过去的经历"不断重复的工作而已。所以，在兜兜转转中，我选择作为"产品负责人"，加入了从 2014 年就开始合作的那家财税培训公司。而 F 公司的岗位，就成了我迄今为止最后一份财务工作。

财税培训这个行业，我从 2014 年开始，就以斜杠讲师的身份开始介入，其实之后每年都会开发并交付一些财务类的在线和线下课程。随着时间的推进，合作机构也开始变得越来越多，渐渐发现了几个问题：

（1）证书类培训产品标准清晰，但市场饱和，实务类培训需求大，但没标准，大部分培训机构纠结于如何平衡好短期的"现金奶牛"证书还是长期的"诗和远方"实务。

（2）虽然说财税培训是所有财务人的刚需，但南北学员对课程的需求差异非常大，专业的能力和层级代差也非常大。

（3）很多人每年都在听同样的课，作为培训产品，其内核几乎一直不变，变得只有话题、形式和老师。

（4）从业人员普遍存在年龄大、学历低、惯性思维强的问题，整个行业数字化管理水平大幅落后于其他行业，但各机构每年依然能保持快速的增长。

带着对于这些问题的好奇和疑问，我从 2018 年开始与最初合作的培训机构的创始人进行了数次交流。经过交流发现，大家对于这个行业存在的问题，以及未来发展的判断认知高度一致，并且认可通过已经在其他行业并验证成功的"数字化管理"与"精细化运营"，结合针对精准客群定位精准产品研发，一定能取得突破。基于理念和产品发展思路的认可，我从 2018 年开始参与这家培训机构的一些产品研发工作，进一步加深了个人的参与度，以及对于整个行业更为深入的了解。

促使我最终决定加入的是在 2019 年 10 月的一次谈话，此时这家培训机构刚刚拿到新一轮的融资，创始人带着满满的诚意向我发出了邀请。试想一下，当斜杠成为主业，参与或主导一家公司的经营管理和运营，并有可能去改变一个行业，的确是一件挺让人兴奋的事。

我的经历可以复制

当然，做出了这个决定，也就意味着要做好暂时或永久告别"财务"这个职业的准备了，这样一个身份的转变，让我多多少少地有感而发。从 2005 年到 2019 年，15 年的时间，从事务所到企业，从外企到创业公司，从专员到总监，从年薪不足十万元到超过百万元，服务并经历了五个行业、背景与风格不同的公司。一路走来，谈不上多大的成就，但也算超越了绝大多数的同行。对于一个起点不算太高的我（上海二本毕业生）来说，个人的职业成长经历，还是可以被不少朋友参考的。如果大家读完之后有一种"我应该可以"或"其实我可以做得更好"的感觉，我便知足了。

作为总结，我想说选择可能永远都比努力更重要。个人职业发展目标的选择，是最重要的选择。选择正确，努力才有意义，目标清晰，努力才有方向。当然对于任何目标的达成，努力也是不可或缺的。特别是长远目标的达成，努力必须是持续的。能够做到上述几点的，一般结果都不会太差。

2019 年底，39 岁，月薪 68 000 元，年薪 102 万元，F 公司高级财务总监